A Bolsa para Mulheres

Preencha a **ficha de cadastro** no final deste livro
e receba gratuitamente informações
sobre os lançamentos e promoções da Elsevier.

Consulte também nosso catálogo
completo, últimos lançamentos
e serviços exclusivos no site
www.elsevier.com.br

Sandra Blanco
Criadora do site *Mulherinvest*

A Bolsa para Mulheres

A experiência de um clube de investimento em ações

coleção Expo Money

Coordenação
Gustavo Cerbasi

3ª Tiragem

© 2008, Elsevier Editora Ltda.

Todos os direitos reservados e protegidos pela Lei n⁰ 9.610 de 19/02/1998.

Nenhuma parte deste livro, sem autorização prévia por escrito da editora, poderá ser reproduzida ou transmitida sejam quais forem os meios empregados: eletrônicos, mecânicos, fotográficos, gravação ou quaisquer outros.

Copidesque: Shirley Lima da Silva Braz
Editoração Eletrônica: Estúdio Castellani
Revisão Gráfica: Andréa Campos Bivar e Jussara Bivar

Projeto Gráfico
Elsevier Editora Ltda.
Conhecimento sem Fronteiras
Rua Sete de Setembro, 111 – 16⁰ andar
20050-006 – Centro – Rio de Janeiro – RJ – Brasil

Rua Quintana, 753 – 8⁰ andar
04569-011 – Brooklin – São Paulo – SP – Brasil

Serviço de Atendimento ao Cliente
0800-0265340
sac@elsevier.com.br
ISBN 978-85-352-2780-2

Nota: Muito zelo e técnica foram empregados na edição desta obra. No entanto, podem ocorrer erros de digitação, impressão ou dúvida conceitual. Em qualquer das hipóteses, solicitamos a comunicação ao nosso Serviço de Atendimento ao Cliente, para que possamos esclarecer ou encaminhar a questão.

Nem a editora nem o autor assumem qualquer responsabilidade por eventuais danos ou perdas a pessoas ou bens, originados do uso desta publicação.

CIP-Brasil. Catalogação-na-fonte.
Sindicato Nacional dos Editores de Livros, RJ

B573b   Blanco, Sandra

        A bolsa para mulheres : a experiência de um clube de investimento em ações / Sandra Blanco. – Rio de Janeiro : Elsevier, 2008 – 3ª reimpressão.
        – (Expo money)

        Inclui bibliografia
        ISBN 978-85-352-2780-2

        1. Mulheres – Finanças pessoais. 2. Poupança e investimento. I. Título. II. Série.

07-3967   CDD: 332.024042
                        CDU: 330.567.2-055.2

Às minhas filhas, Alicia e Isabela,
que são minha maior riqueza.

Agradecimentos

Em primeiro lugar, às cotistas do Clube de Investimentos Mulherinvest, cuja participação ativa e confiança depositada desafiaram-me a escrever este livro.

A toda a equipe da Fator Corretora, mas principalmente ao Alfredo, que com toda a sua paciência e dedicação sempre me deu muito suporte.

Ao Álvaro Bandeira, da Ágora, que dedicou parte de seu precioso tempo para emitir um parecer sobre este livro.

Ao Robert e ao Raymundo, da Expo Money, que sempre incentivaram meu trabalho.

Às minhas amigas Raquel, Bia, Vivi, Liliane, Fabi, Flávia, Marlene, Eliana, Geórgia e Patrícia que estiveram comigo quando tanto precisei. A vocês serei eternamente grata.

E também às novas amigas e às velhas amigas; há um lugar especial para cada uma no meu coração.

Apresentação

Na época em que eu concluía as pesquisas e a redação de meu primeiro livro, entre 2002 e 2003, Sandra Blanco ganhava destaque na mídia com a iniciativa de montar um clube de investimentos só para mulheres. Alguns jornais deram grande destaque à iniciativa, com longas matérias e fotos. Não, aquele clube não era administrado por um gestor de terno e gravata impecáveis, gel nos cabelos, postura ereta e com palavras milimetricamente mensuradas. Era administrado por uma mulher que foi à mídia dizer: "Tenho certeza de que muitas cabeças juntas pensarão melhor do que só a minha." A imagem da Sandra com sua cara de menina nos jornais trouxe a boa notícia: o mercado financeiro é para todos! Era um grande convite à iniciativa dos que sonhavam dar mais um passo no mundo dos investimentos no Brasil.

Em minha participação na primeira Expo Money, em São Paulo, a palestra sobre o Clube Mulherinvest era das mais concorridas e eu, ainda com meu livro recém-lançado, imaginava qual teria sido o caminho percorrido por ela para se tornar uma celebridade. Hoje sei que a estrada escolhida pela Sandra tem um nome: Iniciativa. Com um bom punhado de conhecimento, ela estava inconformada com a passividade das pessoas diante das oportunidades. Ela experimentou. Decidiu mudar o mundo a partir do pequeno mundo que estava a seu alcance, e sua idéia ganhou o mundo. Aliás, exatamente como aconteceu com muitos autores da Coleção Expo Money.

Grande parte da estratégia que o Clube Mulherinvest adota é a mesma que adotei desde o início de meus investimentos em ações, e que adotam muitos investidores com pouco tempo e conhecimentos limitados sobre o mercado. Num mundo em que especuladores e investidores polarizam opiniões e em que grafistas e fundamentalistas contrapõem-se, a estratégia bem fundamentada e equilibrada do clube, baseada no bom senso e no debate em cima de escolhas de longo prazo, mostra-se claramente vencedora.

E, como não podia deixar de ser, a mente inovadora da Sandra encantou-se com nosso convite para participar da Coleção Expo Money. Partiu da própria autora a idéia de traduzir em livro a estratégia de investimentos do clube, multiplicando com mais força a percepção de que o investimento com qualidade é acessível a todos que decidam agir pelo fortalecimento de seu patrimônio. Ao ler o texto da Sandra, espero que você possa refletir sobre o mar de escolhas que todo investidor tem a aproveitar, e o quanto essa complexidade do mercado dá espaço para todos investirem, cada um de seu jeito. E, quem sabe, com um pouquinho de iniciativa, em breve as idéias deste livro estarão gerando frutos em seu próprio clube de investimentos.

Gustavo Cerbasi

. . .

Hoje, mais do que nunca, temos que conquistar a nossa independência financeira para que possamos ter um futuro melhor. Normalmente não somos disciplinados em relação ao nosso dinheiro, não aprendemos a lidar com ele em nossa educação e nem sempre temos a oportunidade de aprimorar nossos conhecimentos sobre investimentos e os diversos aspectos do mercado de capitais. Por isso a Coleção Expo Money foi desenvolvida, como um agente transformador da sociedade, um guia para compreender melhor este maravilhoso mundo dos investimentos.

O conhecimento que você está adquirindo foi desenvolvido por um especialista no assunto e terá grande utilidade no entendimento das questões que tanto nos afligem: cuidar melhor do nosso Dinheiro e do nosso Futuro.

O grande segredo para um futuro financeiro melhor e mais eficiente está, agora, em suas mãos. Lembre-se, não existe fórmula mágica para ficar rico, o mais importante está na sua atitude diante das oportunidades que se apresentam para você. O nosso objetivo como coordenadores desta coleção é a transformação para uma sociedade mais justa e digna para todos. Boa leitura!

Robert Dannenberg
Presidente
www.expomoney.com.br

Sumário

Capítulo 1
INTRODUÇÃO   **3**

1. O segredo   10
2. Mulheres que não falam sobre dinheiro   12
3. Vencendo o medo   13
4. Inteligência ou sorte?   16
5. Tomar uma decisão não é fácil   17
6. A Bolsa sobe, mas também cai   19
7. Para ficar rica, é preciso arriscar   22
8. A diferença entre homens e mulheres   24

Capítulo 2
PRIMEIROS PASSOS   **25**

1. Como nasceu o clube   26
2. A primeira ação ninguém esquece   28
3. Abrindo conta numa corretora e transferindo os recursos   29
4. A escolha da corretora   30
5. Estratégia de investimentos   31
6. Valores mínimos   32
7. Sistema de cotas   34
8. Valorização e lucros   37
9. Investimento regular   39

10. A hora de vender	44
11. Preço médio	46
12. Liquidação	46
13. Imposto de Renda sobre ganhos de capital	47

Capítulo 3
INVESTINDO EM AÇÕES: TEORIA — 51

1. Básico de economia	52
2. *Benchmarks*	56
3. Análise fundamentalista	58
4. Governança corporativa	76
5. Analisando as recomendações	81
6. Análise técnica	85
7. IPO	96
8. Aluguel de ações	99
9. Contratos de futuro – mini-índice	100
10. Apresentação de empresas	103

Capítulo 4
INVESTINDO EM AÇÕES: PRÁTICA — 107

1. Petrobras (PETR3 e PETR4)	109
2. Cia. Vale do Rio Doce (VALE5)	114
3. Lojas Americanas (LAME4)	115
4. B2W – Companhia Global de Varejo (BTOW3 – antes Submarino SUBA3)	115
5. Weg (WEGE3)	116
6. Plascar (PLAS3)	116
7. Bradesco (BBDC4)	117
8. Alpargatas (ALPA4)	117
9. Natura (NATU3)	118
10. Grendene (GRDN3)	119
11. Suzano Papel e Celulose (SUZB5) e Votorantim Celulose e Papel (VCPA4)	119
12. América Latina Logística (ALLL11)	120
13. Diversificação	121

Capítulo 5
AGORA É COM VOCÊ!   **123**

1.	Investidora ou especuladora	124
2.	Perfil da investidora	127
3.	Home broker	130
4.	As notícias	131
5.	Concluindo	133

ANEXO I	Estatuto Social do Clube de Investimento Mulherinvest	137
ANEXO II		145

GLOSSÁRIO   **147**
BIBLIOGRAFIA   **153**

Coleção **EXPO MONEY**

CAPÍTULO 1

Introdução

Sempre gostei de ler, principalmente livros autobiográficos ou os que contam a vida de alguém. Não que eu não goste dos livros de ficção, mas prefiro histórias que aconteceram de verdade.

Também tenho preferência pelos filmes baseados em fatos reais. Gosto de me identificar com os personagens, comparar os cenários, me imaginar naqueles momentos ou pensar qual seria minha reação em situações similares.

O contato com mulheres me fez crescer e aprender muito. As histórias de vida, bem como as experiências, rendem temas para livros que não acabam mais. Com elas, podemos aprender coisas que não aprenderemos em escola alguma.

Colocando tudo isso num recipiente, pensei ser uma combinação perfeita. Uma receita que não tem como dar errado. A mistura da teoria das finanças com a experiência de mulheres, donas-de-casa, mães, profissionais e, agora, investidoras.

Tudo foi muito bem planejado e perseguido desde o começo, quando pela primeira vez ouvi falar sobre educação financeira para mulheres – e isso foi em 1995. Desde então, pesquisei muito. E quando descobri a existência do Clube das Ladies de Beardstown, pronto, tive certeza de que era um igual àquele que eu queria para mim.

Sabia que não seria fácil. Tinha muito a aprender antes de iniciar um clube de investimentos. Muitos obstáculos ainda tinham de ser vencidos. Em primeiro lugar, era preciso ser uma investidora em ações. Toda aquela teoria que eu tive a chance de aprender seria mesmo aplicável na prática? Seria possível passar por altos e baixos tranqüilamente?

Sou investidora em ações e conheço os riscos. Invisto também em fundos de ações. A poupança de minhas filhas está se multiplicando num fundo de ações, o que sugiro a todas as mães que querem fazer uma poupança para seus filhos. Não pode haver nada mais inadequado do que aplicar em caderneta de poupança o dinheiro para a educação universitária ou para o primeiro carro dos filhos.

Sinto-me realizada por me haver especializado numa profissão pela qual tenho verdadeira paixão. Mas trabalhei muito para chegar até aqui e acho que ainda tenho um longo caminho a percorrer.

Durante muito tempo, fiz um trabalho de formiguinha. A cada dia, juntava todas as minhas forças porque sabia que precisava de mais aquele tijolo na minha construção.

Este livro é produto da existência do Clube de Investimentos Mulherinvest. Se você quer aprender a diversificar seus investimentos, neste livro vai encontrar minha experiência como regente de uma banda de mulheres afinadas querendo otimizar o uso de seu dinheiro. Teorias, experiências, fatos reais, amizades, erros e seus respectivos resultados.

Ao final, depois de lê-lo, você poderá formar uma banda ou, se preferir, ser sua própria regente.

Desde que o primeiro encontro foi realizado, sempre estive muito atenta ao que acontecia. Às vezes, pergunto a mim mesma se era só porque eu sabia que precisaria de material para escrever o livro. Talvez sim, mas sou muito observadora também, e o clube é o ponto mais alto de minha realização profissional.

Lidar com pessoas é muito gratificante. Ver a evolução, a mudança de comportamento, e saber que você é um pouco responsável por aquilo, não tem preço. É como propaganda de cartão de crédito.

O primeiro encontro

O primeiro encontro aconteceu no Boteco 66, hoje Bistrô 66, no Jardim Botânico espaço cedido gentilmente pela minha amiga Marlene.

Logo que cheguei ao Rio de Janeiro, me associei à BPW – Associação de Mulheres de Negócios e Profissionais do Rio de Janeiro. Na época, em 2000, a Marlene era a presidente da associação e nos tornamos amigas. Com o passar do tempo, ela me incentivou a começar logo com aquele clube e, carinhosamente, me ofereceu seu espaço comercial como ponto de encontro para as reuniões.

No primeiro encontro, até uma nota no jornal saiu e, por causa dessa nota, tivemos o prazer de contar com a Mônica em nosso grupo desde o início.

Os encontros foram se tornando cada dia mais prazerosos: era uma combinação de aprendizado com gastronomia e amizade. Mas também falamos de assuntos estritamente de mulherzinha, embora nunca tenhamos trocado receitas culinárias. Preferimos os pratos prontos, pois assim temos mais tempo para nos dedicar aos investimentos.

E homem? Definitivamente, não pode ser cotista do clube. Não se trata de discriminação; é apenas uma segmentação que dá ao clube um diferencial. Mas eles são bem-vindos aos nossos encontros.

Os encontros são muito agradáveis e achamos que continuarão assim enquanto o clube existir. Sempre que possível, realizamos os encontros em lugares diferentes: já fizemos na minha casa, na casa da Marluce, na casa da Rosaura, quando ela morava em Ipanema, e também no seu condomínio na Barra, no Clube Paissandu, no Espaço Acqua (também da Marlene) e, com mais freqüência, no meu escritório, no Jardim Botânico. Também há sempre alguém novo querendo escutar a proposta do clube e assistir às nossas reuniões.

A cada dia que passa sinto-me mais orgulhosa do grupo. A mulherada vem afiadíssima para as reuniões. Elas trazem recortes de jornais e revistas com matérias que nos dizem algo novo ou que comprovam as teorias que estudamos e que vou apresentar aqui para você.

Houve um momento em que pensei que não fosse dar conta do recado; era muita mulher com muitas questões. Mas elas me ajudam a segurar a barra quando o negócio pega fogo. A Barbara, por exemplo, me deu o maior suporte para criar um grupo de discussão na Internet. Já havia tentado duas outras vezes, mas sempre dava um problema e eu abandonava a idéia. Agora, nossa comunicação está bem mais eficiente.

Tudo é motivo para comemoração: cota atinge R$2, cota atinge R$3, patrimônio de R$500 mil, patrimônio de R$1 milhão, Dia das Mulheres, Dia das Mães, aniversário do clube, aniversário de alguém, Natal e em outras datas sempre tem bolo.

Adoro a definição da Julia: "Nossos encontros são desopilantes." Quem lê isso pensa que tudo é festa, mas isso mostra a energia positiva do grupo. Na verdade, damos um duro danado e temos um objetivo em comum: fazer o dinheiro se valorizar e fazer um ótimo uso dele.

A experiência do clube mostrou que com o passar do tempo, as mulheres vão tomando gosto pelo assunto e se sentindo cada vez mais seguras. Ampliam sua zona de conforto e se tornam mais agressivas, passam a arriscar mais, mas continuam ponderadas e conscientes. Porque quando assumem riscos, se tornam responsáveis por suas atitudes e já vi mulheres perdendo dinheiro sem qualquer abalo emocional.

A aversão ao risco também pode levar as mulheres a escolherem profissões menos competitivas, o que explica parte das diferenças de gênero no mercado de trabalho e o que as leva a receber salários mais baixos do que a média, ou a prosperar com mais lentidão na carreira. Com certeza, o fato de haver essa brecha no mercado de trabalho não significa que não ocorra discriminação, tampouco é possível concluir que políticas sociais nesse domínio não seriam bem-vindas ou criadoras de valor.

O que importa é que a Cia. Vale do Rio Doce, por exemplo, não paga menos dividendos se o acionista for mulher. Investir em ações é a maneira que a mulher tem para reduzir seu prejuízo financeiro. Assim, a distribuição de retornos dos investimentos de homens e mulheres é a mesma. Não há investimentos mais vantajosos para eles ou para elas.

O objetivo deste livro é apresentar as experiências de um grupo de mulheres investindo em ações. Mulheres de todo o Brasil, de todas as idades, da estudante à aposentada, e nesse meio as mais diversas ocupações – donas-de-casa, empresárias, médicas, advogadas, entre outras.

Desde que o clube começou a operar, em abril de 2004, a correnteza está a nosso favor, não temos do que reclamar, pois só pegamos tempo bom. Alguns dias nublados e poucos dias de trovoada forte. Mas desde o começo estamos nos preparando para uma mudança brusca de tempo, do tipo frente fria vindo dos Estados Unidos, da China ou de algum lugar que ninguém espera.

Além do mais, desde que entramos nesse barco, sabíamos que a viagem seria longa e que, para não naufragarmos no alto-mar, seria preciso seguir algumas regras: nossa estratégia de investimentos.

A idéia, desde o início, nunca foi oferecer a melhor rentabilidade do mercado para quem quer investir em ações, mas apenas proporcionar um ambiente agradável para quem quer aprender na teoria e na prática sobre o mercado acionário. Criar oportunidade para algumas mulheres se aventurarem.

O objetivo deste livro não é justificar a rentabilidade que conseguimos, até porque, como nosso horizonte é de longo prazo, muita coisa ainda pode acontecer pelo caminho... Rentabilidade efetiva em investimento de ações só quando realizamos os lucros, ou seja, quando vendemos as ações e colocamos o dinheiro no bolso. Enquanto o dinheiro estiver lá aplicado, os números mudam a cada instante.

Estamos torcendo para que nenhum acontecimento desagradável nos surpreenda, mas principalmente estamos nos preparando para ter calma e agir tranqüilamente, se for necessário. Nunca sabemos se uma crise será passageira ou duradoura, se vai levar parte do que já lucramos ou tudo e ainda mais.

Muitas das mulheres do clube já constituíram suas próprias carteiras. Há ainda as que trabalham para convencer parentes e amigos do fato de que investir em ações não é só para quem tem muito dinheiro ou especialista do mercado financeiro. O dinheiro da poupança de longo prazo para o futuro dos filhos ou para a aposentadoria agora está investido em ações, seja numa carteira própria no clube ou em fundos.

Elas se tornaram "analistas" de empresas e grandes admiradoras das que se enquadram em nosso critério de seleção. Vestem a camisa mesmo, como sócias que são.

Passaram a ler o jornal *Valor Econômico* e o caderno de Economia de outros jornais. Assinam revistas especializadas. Freqüentam reuniões de empresas. Aprenderam a conviver com as altas e baixas e hoje sabem tirar vantagens da volatilidade do mercado.

Mais confiantes, querem conhecer e experimentar as novidades que aparecem: investem em PIBB, participam de IPOs, alugam ações e estão se preparando para vender minicontratos de índice futuro. Vou explicar tudo isso ao longo do livro.

Conscientes, ainda levam em consideração se a empresa em que vão investir dá a devida atenção às questões ambientais e se são praticantes da boa governança corporativa. Sabem que para uma empresa ter futuro lucrativo deve ser transparente, tratar bem seus funcionários, a família, o meio ambiente e a sociedade. O *tag along* não é só mais uma nova palavra em seu vocabulário, é também direito do acionista minoritário.

Diversificação eficiente, reinvestimento dos dividendos e juros, horizonte de longo prazo e aplicações regulares são fundamentais para investir em ações.

Investir em ações foi a melhor aplicação em quatro anos consecutivos, de 2003 a 2006. Em compensação, foi a pior em 2000, 2001 e 2002. Observe no quadro a seguir que o retorno dos investimentos em ações está sempre no topo ou por último na tabela de rentabilidade dos últimos dez anos. É possível conviver com essa flutuação? Sim, é, vou mostrar a você.

1997	1998	1999	2000	2001	2002	2003	2004	2005	2006
Ibovespa	DI	Ibovespa	DI	Dólar		Ibovespa			
DI	Poupança	Dólar	IGP-M	DI	IGP-M	DI			
Poupança	Dólar	DI	Dólar	IGP-M	DI	Poupança	IGP-M	Poupança	
	IGP-M			Poupança		IGP-M	Poupança	IGP-M	
Dólar	Ibovespa	Poupança	Ibovespa			Dólar			

10 Coleção **EXPO MONEY** A bolsa para mulheres

A economia, assim como a natureza, se desenrola em ciclos. Essa percepção dos ciclos é coisa antiga. Relatos da Bíblia já citam sete anos de fartura seguidos por sete anos de fome.

Como se preparar para o que vem pela frente? Ciclo de recessão? Crises? Às vezes, ocorrem quando menos esperamos. Mas elas passam, todas passaram.

Seja bem-vinda às experiências das mulheres de um clube de investimentos!

1. O segredo

Você continua com a conta negativa, endividada, sentindo-se o núcleo de uma bola-de-neve, que só parece crescer? Algum momento já pensou que a responsável por essa situação é você mesma? Que você pode estar atraindo essa situação? Sabia que bons pensamentos e bons sentimentos atraem coisas boas para a sua vida? Provavelmente não, porque é difícil aceitarmos nossos erros e fracassos. É muito mais fácil culpar os bancos, a mídia, o governo.

Quando estamos de bom humor e alegres de verdade, o Universo conspira a nosso favor. É a Lei da Atração. E é o tema central do livro O *Segredo*, da escritora e produtora de televisão Rhonda Byrne.

O livro foi lançado no início de 2007, nos Estados Unidos, e vendeu mais de 1,75 milhão em sua primeira edição. A idéia de desvendar "o segredo" começou em 2004, quando um pequeno livro, *A ciência de ficar rico*, de Wallace D. Wattles, caiu nas mãos de Rhonda. Justamente um livro sobre como ficar rico? Rhonda diz que naquele momento soube exatamente qual era sua missão. Passar essa mensagem para o mundo.

Começou a estudar grandes líderes da história, como Albert Einstein, Henry Ford, Beethoven e tantos outros. Leu centenas de livros, se dedicou à pesquisa e descobriu que havia muita gente para quem o segredo não era segredo. A primeira parte de seu trabalho saiu em DVD. Um filme em forma de documentário que apresenta a "Lei da Atração", mostrando experiências e entrevistas com especialistas em transformação pessoal, mensageiros espirituais e, como não podia deixar de ser, especialistas em finanças.

Ela verificou que ocorria uma forte tendência, por parte daqueles que estão no poder, de manter esse princípio escondido do público, ou como você explicaria uma pequena minoria de 1% da população detendo 96% da riqueza?

O princípio da Lei da Atração propõe que nossos sentimentos e pensamentos atraem eventos reais no mundo em que vivemos. Talvez isso explique por que quando alguém está em dificuldades financeiras, mesmo achando que está fazendo tudo para reverter a situação, nada muda. Essa pessoa pode até estar canalizando muito esforço, mas no fundo seus pensamentos e sentimentos são negativos, o que não contribui muito para desenrolar o emaranhado.

Outro dia, numa palestra, uma participante disse que mesmo com uma dívida grande e com dificuldades para pagá-la, fazia questão de aplicar R$30,00 por mês na caderneta de poupança. Disse que se sentia bem com a idéia de que também estava guardando dinheiro. A Lei da Atração é exatamente isto: pequenas atitudes que podem mudar um cenário inteiro. Nesse caso, ela não era mais unicamente uma endividada; era também uma investidora.

Já pensou em mudar de atitude para atrair mais dinheiro?

Eu sempre brinquei que só investiria em ações se alguém conseguisse me explicar como funciona a Bolsa de Valores, e todo mundo ria.

Para mim, aqueles homens gritando ao telefone significavam um bando de loucos.

Conheci o Clube de Investimentos por meio de uma palestra sobre mulher e dinheiro, no Sesc, durante um curso de palhaças. Isso mesmo, mulheres palhaças existem no mundo todo, até numa convenção anual, em Andorra.

Foi lá que eu, atriz, pensei: Oba! Vou entender um pouco sobre Bolsa de Valores e aprender a lidar com meu dinheiro.

> *Inscrevi-me, achei tudo muito estranho, pois todas pareciam entender tudo, e me senti um ET. Quando perguntava a uma das sócias: você trabalha no mercado financeiro? Não, sou médica; não, sou estilista; não, sou psicóloga.*
>
> *Agora percebo que qualquer pessoa pode entender um pouco sobre aplicações, desde que tenha interesse e alguém para orientar.*
>
> *Hoje já leio* Exame, *vejo* Momento Econômico, Conta Corrente *e, principalmente, já estou investindo em ações.*
>
> *Ainda é só um pouquinho, mas já vejo o dinheiro com outros olhos. Penso nos benefícios que ele pode me trazer, não na falta dele.*
>
> *Conversando com uma amiga sobre o clube, ela me perguntou: a fonte é séria, como você soube do clube? E eu disse: claro que é séria, fiquei sabendo do clube num curso de palhaças.*
>
> ESTELA, atriz

2. Mulheres que não falam sobre dinheiro

Por que a maioria das mulheres não gosta de falar de dinheiro? Há apenas dois motivos marcantes:

1. Por estar endividada, passando por problemas financeiros.
2. Por estar em uma situação financeira confortável.

Em que grupo você se encontra? Se você se encontra no primeiro, então deveria encarar o bicho de frente. Adiar essa batalha só prejudica a você mesma: preocupações constantes, privações, baixa auto-estima, baixa produtividade, entre outros sintomas. Você precisa urgentemente definir uma estratégia para mudar a situação. As pessoas não conseguem viver assim para sempre. Nossa vida segue uma curva natural e devemos estar sobre ela com o menor desvio possível. Ficar fora da curva o tempo todo implica problemas sérios que tomam proporções ainda maiores no futuro.

Agora, se você pertence ao grupo dois, é perfeitamente compreensível que não queira falar sobre dinheiro. Você não tem, a princípio, com o que se preocupar. Dinheiro não é problema para você.

Mulheres bem-sucedidas financeiramente não gostam de "aparecer". E as dependentes financeiramente não gostam de admitir sua vulnerabilidade.

Então, qual o risco que as mulheres que não têm problemas financeiros correm quando não dão importância ao assunto? O risco de a fonte secar.

Talvez o verdadeiro motivo pelo qual as mulheres não gostam de falar sobre dinheiro seja cultural. As mulheres se acostumaram a acreditar que não são boas em matemática, que os homens sabem mais de finanças, que dinheiro não traz felicidade, entre tantos outros paradigmas. Isso gerou em nós um medo inconsciente difícil de superar.

Mas vivemos numa sociedade capitalista. Dinheiro é o meio de troca. E o capitalismo está novamente em mutação. Surge o capitalismo financeiro, provocando uma revolução global. Durante a revolução industrial, as mulheres não foram trabalhar? Agora é hora de elas assumirem a responsabilidade de administrar melhor seus recursos financeiros.

Com o desenvolvimento da comunicação e da tecnologia, não há mais desculpas para não falar sobre dinheiro. Estima-se que, em 2007, pela primeira vez, a venda dos computadores ultrapasse a venda de televisores. A mulher moderna vive essa mudança e o dinheiro não pode mais ser um objeto de medo, mas sim de realizações.

3. Vencendo o medo

Como ainda é grande o número de pessoas com medo de investir em ações! Mesmo com todo o trabalho dos profissionais de finanças pessoais e da mídia para desmistificar o mercado. E olha que o universo que eu vejo é pequeno e tendencioso, já que nele estão só as mulheres que querem aplicar melhor seu dinheiro.

Na maioria das vezes, esse medo vem de histórias ruins que escutaram ou que elas mesmas já passaram, do tipo perder muito dinheiro em Bolsa, o equivalente a um carro ou a um apartamento. E nós não gostamos de perder, não é mesmo?

Você sabia que as pessoas sentem as perdas duas vezes mais do que os ganhos? E, quando estão perdendo, se tornam mais corajosas para arriscar? Talvez na tentativa de reverter a situação, prendem a respiração e mergulham fundo no risco.

Quando estão perdendo, sentem uma grande dificuldade de se desfazer de ações com prejuízo. A desculpa é sempre "esperar mais um pouco para ver se melhora". Já quando estão ganhando, preferem ficar mais cautelosas, e muitas vezes vendem suas ações certas de que estão garantindo seus lucros. Mas o que ocorre, na maioria das vezes, é que essas são as ações que continuam subindo e se valorizando.

Você consegue ver como são dois pesos e duas medidas? Há toda uma teoria para explicar esse comportamento. E é claro que não vai ser do dia para a noite que esse medo vai passar.

Para quem está se iniciando no mundo dos investimentos e das pequenas investidoras, é preciso começar a entender a eficiência do mercado.

Nós podemos errar a mão de vez em quando, mas o mercado está sempre certo; não adianta bater de frente com ele porque você não vai chegar a lugar algum. E seu objetivo é ganhar dinheiro, não é mesmo?

A **eficiência do mercado** se refere à disponibilidade de informação. Se todos os investidores têm acesso às mesmas informações sobre as empresas, então não é possível conseguir ganhos excepcionais. Se essa teoria é correta ou não, aí é outra discussão. Mas para perder o medo é necessário não esperar lucros excepcionais do mercado. Alie-se a ele, seja amigável e então você vai ver os resultados.

A heterogeneidade do nosso grupo é realmente muito atraente. Também invisto em fundos de ações do meu banco. Participei de uma palestra sobre mulheres e dinheiro, apresentada pela Eliana Bussinger. Isso despertou meu interesse!

Meus avós e meus pais são investidores em ações e costumam conversar sobre o tema. Comecei a estudar o assunto e soube que era assim que eu queria começar a investir em ações. Queria aprender como funciona, pesquisar, discutir. No clube, estudamos as empresas, analisamos dados, conversamos sobre o que funciona melhor para o nosso perfil de investidoras em longo prazo. Sinto-me mais segura em investir em terreno conhecido – minimizando, assim, o risco de perdas.

Adoro participar das reuniões, que além de serem muito informativas, são também divertidíssimas! Isso que dá juntar muitas mulheres! E também tento acompanhar os resultados sempre que posso.

Minha relação com o dinheiro mudou muito desde que comecei a participar do clube. Nunca fui gastadora, mas também nunca fui poupadora. Com o clube, se fico algum tempo sem fazer algum depósito, me sinto mal! Sempre que posso, faço um depósito, por menor que seja. Gosto de ver meu dinheiro sendo bem aproveitado e administrado, gosto de vê-lo crescendo!!

Sempre que tenho alguma oportunidade, indico para alguma amiga. As mulheres da minha família foram as primeiras!

Investir em ações é mais seguro do que muita gente pensa... Saber e entender o assunto torna o investimento muito mais prazeroso e divertido.

ELISA, 27 anos, solteira, designer de moda

4. Inteligência ou sorte?

Muitos se tornaram ricos por causa de seu talento, iniciativa e trabalho árduo. Outros se tornaram ricos aumentando o patrimônio por meio de investimentos em imóveis, fechando um grande negócio ou ganhando na loteria. Em alguns casos, o que conta é a habilidade de investir e negociar. Em outros, é mesmo questão de sorte. Sabe aquela coisa de estar no lugar certo, na hora certa? Mais ou menos isso!

No estudo de Zagors Ky "Do you have to be smart to be rich?", e constatou-se que o QI não tem relação alguma com a riqueza acumulada. Ser muito inteligente não protege o indivíduo de enfrentar dificuldades financeiras.

No estudo, o fator identificado como recompensa por ser mais inteligente é a renda do trabalho. Um indivíduo com QI elevado ganha mais do que os demais. Porém, ganhar mais não é o caminho certo para ficar rico.

Vivo dando o exemplo de duas mulheres, uma da camada mais rica da população, que ganha R$6.000 mensais, e outra que, como a grande maioria da população brasileira, ganha entre um e dois salários mínimos mensais. Então, imagine a situação de cada uma delas daqui a cinco anos se a mais rica gastar todo mês R$6.500 e a outra aplicar todo mês R$50. A mais rica estará rolando uma dívida do tamanho de um elefante, enquanto a outra não vai ter nenhuma fortuna, mas com certeza dormirá muito mais tranqüila.

É preciso construir um patrimônio para viver bem, para enfrentar momentos difíceis na vida, como perda de emprego ou uma doença na família, e também se preparar para a aposentadoria.

Quando o assunto é riqueza acumulada e dificuldades financeiras, os indivíduos de inteligência média e abaixo da média apresentam resultados semelhantes aos dos superinteligentes.

O estudo não encontrou uma forte relação entre fortuna e inteligência. Mas como indivíduos com QI elevado, que na média ganham mais, não possuem uma fortuna maior? Lembra meu exemplo das duas mulheres? Uma resposta viável é que eles talvez não estejam poupando o suficiente. Descobrir por que alguns indivíduos são mais ricos do que outros não é um procedimento direto. É preciso investigar detalhes de herança e escolaridade, hábitos de consumo, talento e desejo de ficar rico, circunstâncias e a boa e velha sorte.

Como, nesse estudo, a inteligência não é fator que explica riqueza, que lição podemos tirar? Aquelas pessoas que se acham "menos inteligentes" não devem continuar pensando assim, devem "correr atrás"; a inteligência financeira pode ser desenvolvida. Já aquelas muito inteligentes devem ter em mente que não possuem vantagens sempre e que a inteligência não é fator determinante para a riqueza certa.

5. Tomar uma decisão não é fácil

Na matemática, dois mais dois são quatro! Em estatística, a possibilidade ou probabilidade de dar cara ao jogar uma moeda é de 50%. No entanto, na matemática das finanças, a coisa não é tão racional assim. Quer ver? Se oferecessem a você as seguintes opções A e B para ganhar dinheiro, qual você escolheria?

A: ganhar R$500
B: ganhar R$1.000 com 50% de probabilidade

Dadas essas alternativas, a maioria das pessoas escolhe a A, embora o retorno esperado de ambas as alternativas sejam iguais. A "certeza" é o que pesa na escolha dos participantes. Diante da oportunidade de ganhar R$500 com certeza, por que arriscar, se existe a chance de não ganhar nada, zero? É o que pensa a maioria.

A possibilidade de não ganhar nada para quem tem aversão ao risco é um fator relevante na tomada de decisão. Vamos à outra escolha: C ou D?

C: perder R$500
D: perder R$1.000 com 50% de probabilidade

O que você escolheu? D?

D é a escolha da maioria, sempre. Observe que os problemas são semelhantes, mas quem escolhe A e depois escolhe D está, a princípio, se contradizendo. É aqui que a matemática e a estatística começam a adquirir uma fórmula mais complicada. Entram em jogo fatores difíceis de medir e incluir em nosso modelo de decisão, como: autoconfiança, otimismo, conservadorismo ou agressividade, crenças, experiências e preferências. Isso explica por que nos sentimos muito mais tristes quando perdemos do que felizes quando ganhamos. Para a maioria das pessoas, o prejuízo tem um peso duas vezes maior do que o lucro.

Por isso é tão difícil tomar uma decisão entre investir em renda fixa ou em ações, ou entre comprar ou alugar um apartamento. Cada caso é um caso. Cada pessoa é uma pessoa. Com as informações que você tem disponíveis, consegue calcular o valor esperado de suas alternativas, mas na maioria das vezes só os números não são suficientes para tomar uma decisão.

Sempre investi em caderneta de poupança e imóvel para alugar; em suma, investimentos bastante conservadores.

Quando a Sandra chegou ao Rio para morar, logo nos tornamos amigas por intermédio de nossas filhas. Naquela época, eu não trabalhava fora e sentia falta de ter algum rendimento financeiro. À medida que fomos conversando e ela foi me explicando sua experiência profissional e sua vontade de montar um grupo de investimento, eu disse que queria participar, pois seria uma forma de aprender algo nessa área. Logo percebi que a Sandra queria não só ter o clube de investimento, como também orientar e ensinar às mulheres a "arte" de investir, até então um mundo pouco habitado por mulheres e muito por homens. Gostei da idéia!

Durante um bom período de tempo, consegui participar das reuniões; porém, voltei a trabalhar em horário integral, e, por ter uma família grande, foi se tornando cada vez mais difícil dispor de tempo para participar de todas as reuniões. Procuro ir trimestralmente a uma reunião, embora quisesse participar com mais freqüência. Leio sempre os resultados enviados por e-mail. Achava as reuniões divertidas e instrutivas! Sempre que sou chamada a opinar em compra ou venda de ações, voto naquelas com as quais mais me identifico, como as não-tabagistas, as voltadas à auto-sustentabilidade, as que não fazem testes em animais etc.

Já indiquei a algumas amigas que hoje participam do clube – uma inclusive mora há alguns anos no exterior, mas mesmo assim continua depositando mensalmente em nosso clube!

Minha realidade é de alguém que não tem tempo de estudar a fundo as melhores opções em ações; assim, optei por entrar para um Clube de Investimentos. Acho que se você tem esse perfil também, o Clube é uma ótima opção! Vejo mensalmente meu "bolo" crescendo! Isso é muito bom! Boa sorte para vocês também!

PATRÍCIA, 41 anos, casada, Analista de Sistemas

6. A Bolsa sobe, mas também cai

A Bolsa sobe, mas também cai. E que caia de vez em quando, mas dentro dos limites que já estamos condicionadas a aceitar. Uma queda de 5% num único dia, com todas as ações fechando em baixa, dá para disparar o coração, ficar com a respiração ofegante e dormir mal à noite. Isso acontece com você? Então você ainda tem de aprender um pouco mais, a fim de conseguir passar por momentos como esse também numa boa. Preocupada, sim, o necessário para lembrar a você que seus investimentos são importantes e que deve ficar de olho neles, pelo menos periodicamente.

O mercado é sensível; qualquer evento pode abalar essa relação investidora-mercado e mudar os ânimos rapidamente.

Acontece algo nos Estados Unidos ou na China que faz a Bolsa de lá despencar e respinga no mundo todo, principalmente aqui na gente. Mas nada que consistência de estratégia e serenidade não resolvam.

Esses eventos são bons para nos fazer lembrar que investimento em Bolsa é algo volátil, que sobe e desce. Mas o que nos faz investir lá é que no longo prazo os retornos são melhores do que a renda fixa e, se queremos mais retorno, temos de correr mais riscos.

Quem investe em Bolsa "perde" dinheiro de vez em quando. Mas perde, entre aspas, porque quando se tem horizonte de longo prazo é possível recuperar essas perdas. Dê um tempo antes de ser catastrófica e dizer: "Tá vendo, por isso não invisto ou não gosto de investir em Bolsa!"

Sempre me interessei pelo mercado de ações e invisto na Bolsa desde 1985. Naquela época, fiz alguns cursos e comecei a comprar ações, geralmente pegando dicas de um corretor independente, que trabalhava numa corretora conhecida. Em um ano, após pequenos ganhos, tinha perdido o que não podia. Fiquei traumatizada e saí do mercado por anos.

Nos idos de 1995, comecei a fazer novos cursos sobre mercado financeiro, comprei cotas de fundos de ações, mas também me decepcionei, pois não obtive bons rendimentos. Em abril de 2004, lendo o Informe JB, *tomei conhecimento da formação de um Clube de Investimento só para mulheres. Naquele dia, seria a primeira reunião. Fiquei empolgada com a notícia.*

Compareci ao local marcado, me certifiquei de onde elas estavam e sentei-me a uma mesa perto, apenas para observá-las. Depois de certo tempo, o garçom me denunciou e a Sandra veio a meu encontro. Foi engraçada a situação.

Foi superagradável o encontro. Soube como funcionava o clube e gostei. Associei-me rapidamente. Sou a cotista nº 4, contribuindo mensalmente, desde maio de 2004. Só tive alegrias desde então, sob todos os aspectos.

Nas reuniões que se seguiram, conheci pessoas das mais variadas atividades, interesses e, melhor, com vontade de aprender sobre

Introdução Coleção **EXPO MONEY 21**

o mercado. Discutimos e estudamos bastante antes de qualquer decisão, analisando a situação da economia brasileira e do mundo em geral. Também estudamos as empresas por meio de apresentações (selecionamos as empresas de nosso interesse e o participante que vai estudá-la). Aprendemos os métodos de análise técnica e fundamentalista e participamos de palestras e reuniões de investidores.

Já levei várias amigas às reuniões, mas sinto que a maioria tem medo de investir em ações por total desconhecimento do mercado. Muitas têm a lembrança de alguém que perdeu tudo na Bolsa. Na verdade, as pessoas não sabem que o mercado de ações hoje é seguro, que as empresas são mais transparentes, com administração profissional e preocupação com o acionista. Além do mais, existem órgãos governamentais que fiscalizam esse mercado.

O investidor de hoje quer saber tudo sobre a empresa antes de se tornar seu acionista. E as empresas disponibilizam dados e atendem o investidor, tirando qualquer dúvida. Sem contar que fazem, com freqüência, reuniões de acionistas, nas quais apresentam os balanços e falam sobre investimentos, entre outras coisas. Também é de suma importância, hoje, que a empresa tenha preocupação ambiental.

Outro aspecto importante é a realização do pregão eletrônico, que traz segurança às negociações.

Tenho especial apreço pelas ações da Vale do Rio Doce, Itaúsa (holding do Banco Itaú) e Gerdau, que compõem mais de 40% da minha carteira.

Diante da bagagem que adquiri nesses três anos, sou capaz de gerenciar, sozinha, minha carteira de ações, e tenho certeza de que viverei, em dez anos, só do lucro delas.

Assim, tenho a dizer que se trata de um mercado de risco, sim, mas exatamente por isso, pode trazer ganhos substanciais se você tiver foco no longo prazo.

MÔNICA, 47 anos, divorciada, duas filhas, advogada

7. Para ficar rica, é preciso arriscar

Você já deve ter ouvido falar de George Soros, o maior investidor dos últimos tempos. Mas já ouviu falar de Anne Scheiber? Ela é o modelo de investidora em que deveríamos nos inspirar. Uma simples funcionária pública que investiu em ações durante alguns anos, e que quando morreu, deixou US$22 milhões para a Universidade Yeshiva, nos Estados Unidos. E sabe como ela decidiu investir em ações? Como funcionária do IRS, Receita Federal Americana, analisando as declarações anuais de imposto de renda, ela verificou que todo cidadão com um considerável patrimônio possuía uma carteira de ações. Foi aí que ela decidiu começar a investir também.

E você, não quer saber o que os super-ricos fazem hoje com o dinheiro? Um estudo sobre a riqueza no mundo preparado pelo Merrill Lynch e a CapGemini divulgou que o número de pessoas com US$1 milhão ou mais disponíveis para investimentos cresceu 8% em 2006, para 9,5 milhões. Esse número representa apenas 1,4% da população mundial e reflete a disposição desses indivíduos de assumir riscos maiores. Esses investidores têm aplicado fortemente em ações e no mercado imobiliário. Será que isso não nos ensina algo? Mesmo que seja dentro de nossos limites e de nossa realidade? É óbvio que com tanto dinheiro fica mais fácil arriscar. Perder um imóvel para quem tem muito não significa o mesmo que perder parte do dinheiro acumulado para dar entrada num apartamento.

Mas com a taxa de juros cada vez mais baixa, precisamos de novas alternativas para investir nosso rico dinheirinho. A cada dia que passa, o retorno sem risco, tão disponível no Brasil nos últimos anos, está se tornando mais escasso. Então, para objetivos de longo prazo, como a poupança do filho e a aposentadoria, destinar uma parcela, ainda que pequena, de seus investimentos mensais para ações é a opção para conseguir valorização dos recursos.

Estou desempregada e estudando para concurso público, já trabalhei em empresas, na área administrativa.

Tenho um VGBL do banco Bradesco, pago minha autonomia para o INSS e tenho uma poupança com minha mãe.

Participei de uma palestra da Sandra na Bolsa de Valores do Rio para preencher o tempo. Coincidentemente, sentei ao lado de uma cotista do clube, a Vera, que me incentivou muito a participar dele. Estou no clube desde junho de 2005.

Devido à insegurança quanto ao futuro, entendo que o valor da aposentaria referente ao INSS tem de ser complementado.

Não participo com freqüência das reuniões, contudo gostaria. Estou me planejamento para isso.

Acompanho os resultados, porém não fico nervosa ou eufórica com as oscilações. Eles têm sido sempre melhores do que qualquer outro investimento.

Tento economizar o máximo para que sobrem recursos e eu possa investir no clube. Gosto das ações da Vale do Rio Doce e da Petrobras, pois no dia em que elas começarem a ter problemas, o Brasil e o mundo estarão "fora de controle".

Já indiquei a várias amigas, porém elas têm medo e desconfiança dessa alternativa de investimento. E só o tempo irá mostrar que é um excelente negócio. Falta cultura; na cabeça delas só a poupança é segura.

Para investir bem, diversifique em várias opções de investimento. Dentre os investimentos em ações, você também deve diversificar em empresas de diferentes ramos e lembrar que é um investimento para longo prazo. O de curto prazo pode ser deixado na poupança.

Desde junho de 2005, quando comecei a investir no clube, fixei como meta não retirar recursos; pelo contrário, só depositar por mais ou menos uns dez anos, para, só depois, pensar em como utilizar esse "patrimônio".

Do pouco conhecimento que possuo sobre mercado de ações, tenho observado que cada vez mais os órgãos fiscalizadores estão

> *mais sérios e apurados, por exigência do mercado globalizado, e isso dá segurança em ser parceiro/sócio das empresas. Qualquer investimento é de risco (baixo/médio/alto) e, já que temos de tentar "esticar" nosso dinheirinho, por que não colocá-lo em um investimento cujo retorno tem sido bom?*
>
> **DEISE, 44 anos, casada**

8. A diferença entre homens e mulheres

As mulheres tomam decisões com base numa combinação de raciocínio e intuição, enquanto os homens se baseiam mais em fatos e estatísticas. A maneira feminina de avaliar uma ação é considerar a imagem de uma empresa, a qualidade de seus produtos e as práticas administrativas, tais como as políticas de recursos humanos.

Nós, mulheres, operamos menos, o que quer dizer que compramos e vendemos ações menos vezes e com isso reduzimos nossos custos, revertendo em rentabilidade maior para nossos investimentos. Quer ver os números?

No estudo "Boys will be boys: gender, overconfidence and common stock investiment" sobre operações em bolsa com 35 mil famílias americanas, Barber e Odean concluíram que os homens operam 45% mais do que as mulheres, mas conseguiram retorno líquido ajustado ao risco de 1,4% menos do que as mulheres. Os resultados são ainda piores entre os solteiros. Homens solteiros operam 67% mais e lucram 2,3% menos.

Mulheres são mais avessas ao risco, em qualquer idade, porque não se sentem seguras com suas habilidades matemáticas nem com sua capacidade de fazer dinheiro. Mas na maioria das vezes é apenas uma questão de entender o risco e escolher não corrê-lo. Outras vezes, por não entenderem, atribuem um risco maior do que realmente é.

Homens assumem mais risco porque acreditam em sua capacidade de sempre poder refazer-se. Porém, sofrem com o peso da responsabilidade de entender de investimentos e sempre tomar as decisões corretas.

CAPÍTULO 2

Primeiros passos

Você gostaria de montar um clube de investimentos? Então, há algumas coisas que precisa saber. Nas próximas páginas, vou descrever como foram os primeiros passos do Clube Mulherinvest. Conhecendo o caminho das pedras, será mais fácil para você.

Você também vai ter a oportunidade de ler o que pensam e o que fazem algumas mulheres do clube. Poderá se identificar com algumas delas e aprender com outras. Aproveite nossas experiências.

1. Como nasceu o clube

Eu queria fundar o primeiro clube de investimento de mulheres do Brasil. Bela pretensão a minha, pois já havia outros clubes formados, como o Cia. Invest das professoras aposentadas e o das tenistas do Clube Pinheiros, ambos de São Paulo. Hoje, já há vários, o Meninas Iradas da Geração Futuro, o Clube das Vinte da Spinelli e o Gradual Mulher, da Corretora Gradual, para citar os mais conhecidos.

A primeira vez que ouvi falar em clube de investimentos em ações de mulheres foi em 1995: o clube de investimentos das *Beardstown Ladies*. Esse clube ficou conhecido pela sua rentabilidade.

Todos queriam saber a estratégia daquelas distintas senhoras. Tanta atenção atraída já renderam cinco livros. Se você quiser saber mais sobre esse clube, visite o site http://www.beardstownil.org/ladies.htm ou compre um de seus cinco livros.

> *Sou estudante de economia, por isso conheço bem o mercado financeiro. Mas a maioria das mulheres não sabe quase nada ou nunca ouviu falar.*
>
> *Minha mãe, por exemplo, montou uma empresa sozinha a partir do nada e hoje tem um patrimônio razoável. Mas se ela tivesse investido no mercado financeiro, estaria muito melhor hoje. Sempre tento convencê-la a comprar ações ou até mesmo aplicar em fundos de renda fixa.*
>
> *Li sobre o clube de investimento Mulherinvest. Como se faz para convencer as mulheres a investirem no mercado financeiro?*
>
> **RAQUEL, interessada em investir no Clube Mulherinvest**

Não foi nada fácil convencer mulheres a investir em ações. Passei bastante tempo divulgando minhas idéias. Todas achavam muito interessantes, mas ninguém se decidia. Fiz alguns encontros na minha casa, mas a mulherada sumia. Sabe aquela tarefa chata de ficar insistindo com as pessoas? Sentia-me como uma daquelas vendedoras inoportunas, querendo empurrar um produto que só eu achava o máximo! Algumas até atravessavam a rua quando me viam. Mesmo assim, não desisti da idéia, pois sentia que a experiência do clube poderia ser enriquecedora, literalmente. Depois de mais de dois anos nessa maratona, decidi fundar o clube com o número mínimo de três cotistas e ver no que dava. O que de pior poderia acontecer? Cada uma perder R$200. Definitivamente, valia correr o risco.

Intimei duas amigas minhas, a Raquel e a Lucy. Encaminhamos nossa documentação à Corretora e quando toda a parte burocrática estava pronta, investimos os primeiros R$600.

Depois que o clube começou a operar, ficou muito mais fácil e, até hoje, me pergunto por que não comecei antes. Mas como tudo na vida tem sua hora...

A partir daí, o interesse pelo clube começou a aumentar e a propaganda positiva "boca a boca" foi se encarregando do resto.

28 Coleção **EXPO MONEY** A bolsa para mulheres

> *Sempre fui muito desligada quando o assunto era dinheiro. Nunca gastei muito, mas também não me interessava em poupar. Participando do clube, em pouco tempo consegui mudar essa idéia de que mexer com dinheiro era difícil ou tarefa de homem. Hoje, os assuntos dinheiro, fundos ou aplicações são familiares.*
>
> *Ainda não sou expert no assunto, mas sei da importância de saber o mínimo até para cuidar da educação de meus filhos e da minha aposentadoria.*
>
> **RAQUEL, 34 anos, casada, publicitária e mãe de dois filhos.**
> **Amiga intimada a participar**

2. A primeira ação ninguém esquece

Nosso primeiro investimento foi em ações do Banco Bradesco. Veja nossa primeira nota de corretagem no Anexo II. Mais adiante, vou explicar mais detalhadamente os critérios de seleção.

Foram compradas apenas quatro ações a R$119 cada uma. Se comprássemos cinco ações, não sobraria dinheiro para pagar a corretagem ou os emolumentos.

VALOR A PARTIR DE	TAXA DE CORRETAGEM	VALOR FIXO
R$ 0,00	0,0%	R$ 2,70
R$ 135,06	2,0%	R$ 0,00
R$ 498,62	1,5%	R$ 2,49
R$ 1.514,69	1,0%	R$ 10,06
R$ 3.026,38	0,5%	R$ 25,21

GLOSSÁRIO

Corretagem Valor pago à corretora pela realização de uma operação de compra ou venda de ações.

Emolumentos Valor pago à Bovespa de 0,035% do volume negociado.

O clube começou com R$600, lembra? Três cotistas com R$200 cada. Se comprássemos cinco ações a R$119, seriam R$595. De corretagem, deveríamos pagar R$11,42 (1,5% de R$595 + R$2,49) e as contas não fechariam.

Ainda tem o custo da **custódia** das ações. É um serviço que as câmaras de liquidação e de custódia das Bolsas e as corretoras de valores prestam a seus clientes, que consiste na guarda das ações e na administração de proventos recebidos, tais como dividendos, bonificação em ações e subscrição. Essa taxa varia de corretora para corretora, inclusive algumas não cobram, então, fique de olho nelas!

3. Abrindo conta numa corretora e transferindo os recursos

Para abrir conta numa corretora é preciso preencher uma ficha cadastral com assinatura reconhecida em cartório e anexar cópias autenticadas de RG, CPF e comprovante de residência, conforme exigências do Banco Central.

Sou estudante e no termo de adesão e no formulário de cadastro da corretora são pedidas renda e situação financeira patrimonial. Não tenho renda fixa e faço estágio. O quão importantes são esses dados para ingresso no clube?

Muito! Essas informações são necessárias porque a Lei da Lavagem de Dinheiro (nº 9.613, de 03/03/98) obriga que as corretoras informem à CVM as movimentações de recursos de clientes que sejam incompatíveis com o patrimônio e a renda declarados em suas fichas cadastrais.

Quando a conta estiver aberta, você transfere o dinheiro que vai usar para comprar ações via DOC ou TED, sem pagar CPMF, pois os investidores em ações estão isentos desse imposto. Mas o banco cobra uma tarifa para executar um DOC ou uma TED que pode variar de R$6,00 a R$20,00. O clube já perdeu uma cotista por causa da tarifa de transferência, porque pagar R$8,00 para transferir R$100,00 para investir não é viável. Vamos começar a pensar em termos percentuais? São 8% – dificilmente o investimento vai compensar esse custo no curto prazo.

Voltando à CPMF, a transferência de dinheiro para comprar ações é isenta de CPMF por lei!

Segue o Decreto nº 6.140, publicado no *Diário Oficial da União*, que regulamenta a Contribuição Provisória sobre Movimentação ou Transmissão de Valores e de Créditos e Direitos de Natureza Financeira – CPMF. Se for preciso, apresente aos gerentes de banco que desconhecem a lei e dificultam sua vida.

A CPMF não incide (art. 3º da Lei nº 9.311, de 1996, e Lei no 10.306, de 8 de novembro de 2001):

IX – nos lançamentos em contas-correntes de depósito relativos a operações que tenham por objeto ações ou contratos referenciados em ações ou índices de ações:

a) realizadas em mercados à vista e em mercados organizados de liquidação futura, admitidos à negociação em bolsas de valores, de mercadorias e de futuros;

b) de compra e venda, à vista, em mercado de balcão organizado, assim considerado pela Comissão de Valores Mobiliários;

c) intermediadas por instituição financeira, sociedade corretora de títulos e valores mobiliários, sociedade distribuidora de títulos e valores mobiliários e sociedade corretora de mercadorias.

---

4. A escolha da corretora

Precisávamos de uma corretora parceira que fosse eficiente, com pronto atendimento, bom suporte e ainda com uma baixa **taxa de administração**.

Fiz uma lista de corretoras que operavam em clubes de investimentos e fui ao mercado pesquisar as taxas de administração e os serviços oferecidos, procedimento que devemos adotar toda vez que precisamos de algum produto ou serviço. Afinal, queremos sempre o melhor pelo menor preço, não é mesmo?

Acreditamos ter acertado na escolha. Estamos muito satisfeitas com os serviços e o atendimento da Fator.

É a corretora que executa todas as nossas aplicações e resgates, ordens de compra e de venda. Também gerencia e faz a manutenção do cadastro, emite os extratos, calcula a cota e nos atende prontamente quando temos dúvidas ou problemas.

Foi a corretora que também nos ajudou na elaboração do Estatuto do Clube (ver Anexo I).

5. Estratégia de investimentos

Logo no princípio, precisávamos estabelecer nossa estratégia de investimento, precisávamos definir as regras que norteariam nossas tomadas de decisão. Com base nos ensinamentos de Benjamin Graham[1] e das *Beardstown Ladies*, bem como nas diretrizes da NAIC[2] e do INI,[3] compilamos nossas próprias regras:

1. Investir regularmente, independentemente das oscilações de mercado.
2. Reinvestir todos os ganhos.
3. Diversificar.
4. Ter horizonte de longo prazo, no mínimo cinco anos.
5. Limitar perdas a 15%.
6. Escolher empresas sólidas.

Com a enxurrada de novas empresas que chegaram à Bolsa, sentimos necessidade de incluir uma nova regra, que torna a regra nº 6 ainda mais rígida:

7. Não investir em empresas quando não dispomos de informações suficientes para fazer uma análise adequada.

---

[1] Benjamim Graham: Autor do clássico *The Intelligent Investor*.
[2] NAIC: National Association of Investors Corporation – www.better-investing.org.
[3] INI – Instituto Nacional dos Investidores – www.ini.org.br

6. Valores mínimos

Andei lendo sobre o Clube de Investimentos e estou interessada em participar. Antes, gostaria de tirar algumas dúvidas:

1. *Meus gastos serão: R$200,00 iniciais e R$2,70 mensais para o Clube mais R$100,00 mensais para investimento?*
2. *Posso investir mais de R$100,00 por mês?*
3. *Posso resgatar parte do investimento? Ou tenho de sair do clube?*

PAOLA (28/09/04)

Respondendo a essas dúvidas:

1. Definimos os seguintes valores mínimos: R$200,00 para o primeiro investimento e R$100,00 para os investimentos mensais.

   O custo a que Paola se referia, de R$2,70, era em relação à corretagem, conforme a tabela. Mas quando compramos ações, compramos em conjunto, e esse custo é rateado por todas as cotistas.
2. Sim, é permitido investir mais de R$100,00 por mês, desde que o valor investido não ultrapasse 40% das cotas emitidas.
3. Resgate parcial também é permitido, mas quando o estatuto foi elaborado, colocamos uma cláusula de resgate e foi acordado que todas vamos resgatar juntas, quando o clube completar cinco anos.

Fiquei sabendo do clube por intermédio do site da Bovespa. Há uma página com sites interessantes para mulheres investidoras.

Em 2004, li o livro Pai Rico, Pai Pobre, *de Robert Kiyosaki e Sharon Lechter, e comecei a pensar na necessidade de investir para realizações futuras e aposentadoria. Na época, eu trabalhava como representante de vendas de material médico e, mesmo sobrando pouco – pois eu não ganhava muito e ainda tinha despesas com a faculdade, que apesar de ser uma universidade pública, envolvia gastos com transporte, alimentação e livros –, comecei a pesquisar na Internet sobre como investir uma parte de meu salário.*

Pesquisei sobre o mercado de ações e em como começar a investir. Visitei diversos sites especializados e o site da Bovespa. Foi lá que encontrei o Clube Mulherinvest. Li tudo sobre ele. Gostei muito das informações e via o clube como uma oportunidade de aprender mais sobre o mercado acionário para poder investir sozinha em ações no futuro. Contei a respeito do clube para a minha mãe, que se interessou em me acompanhar a uma reunião na semana seguinte.

Associamo-nos em março de 2005 e passei a freqüentar as reuniões. Depois que me formei e comecei a trabalhar em um hospital público, quase não tive mais tempo de ir aos encontros. Mesmo assim, continuo acompanhando os resultados dos investimentos do grupo por e-mail e/ou por telefone com a Sandra.

Indiquei o clube para algumas amigas, mas elas sempre davam uma desculpa para não ir à reunião ou diziam que não se interessavam por ações, que esse negócio de investir é muito complicado, que elas já têm dinheiro na poupança etc. Ao menos, consegui trazer minha mãe para o grupo comigo e ela continua investindo no clube com regularidade.

Dezoito meses após ter entrado para o Mulherinvest, abri uma conta na Fator Corretora e passei a investir na Bolsa sozinha. Minhas primeiras ações foram da Companhia Vale do Rio Doce, Petrobras e Itaú S.A. Além da análise dos dados financeiros das empresas, gosto de comprar ações de companhias das quais sou cliente/consumidora (desde que elas tenham um bom serviço, é claro), que produzam algum tipo de bem ou serviço que contribua expressivamente para a economia do país e que tenham algum tipo de projeto social, cultural e/ou projeto ambiental que minimizem os danos que possa causar. Foi assim que escolhi o Bradesco (sou cliente do banco e sou bem atendida) e a Natura (gosto dos produtos e dos projetos sociais da companhia). O pagamento de dividendos e juros sobre capital também é importante em minhas escolhas e tenho reinvestido tudo o que ganho dessa forma.

Para quem tem medo de investir na Bolsa, o ideal é buscar mais informações sobre o mercado de ações, ler livros, assistir a palestras, fazer pesquisas na Internet para conhecer mais o perfil das empresas e se elas se encaixam em sua filosofia de investimento. A partir do momento em que você começa a se educar a respeito de como investir melhor seu dinheiro, já deu um grande passo. Assim, você não entrará em pânico quando o mercado sofrer alguma turbulência e passará a encarar o mercado de ações como uma opção de investimento a longo prazo que pode ser muito rentável e não tão arriscada quanto você pensa hoje.

CATHARINA DUARTE WILLIAMS, 25 anos, casada, enfermeira neonatologista

7. Sistema de cotas

Entender o sistema de **cotas** é muito importante para quem participa de clube de investimentos. Vale também para quem tem cotas de fundos.

Quando uma investidora transfere dinheiro para a conta do clube, no dia seguinte aquele valor será transformado em quantidade de cotas. No relatório de cotistas, é possível acompanhar todas as aplicações realizadas e as respectivas quantidades de cotas adquiridas.

Vamos tomar a formação do clube para entender bem esse sistema. Quando o clube começou, foram realizados três depósitos de R$200,00, totalizando um patrimônio inicial de R$600,00. Como a cota inicial foi fixada no estatuto em R$1,00, cada cotista adquiriu duzentas cotas. Esse é o ponto de partida do sistema de cotas.

Patrimônio: R$600,00
Valor da cota: R$1,000000
Quantidade de cotas: 600

O valor do patrimônio aumenta quando:

☐ Novos depósitos entram na conta do clube. E só nesse caso aumenta a quantidade de cotas também;
☐ As ações da carteira se valorizam;
☐ São depositados valores referentes a dividendos , juros sobre capital próprio ou bonificações ;
☐ Ou receita de aluguel de ações.

O valor do patrimônio diminui quando:

☐ Alguma cotista solicita resgate. E só nesse caso diminui a quantidade de cotas;
☐ As ações da carteira se desvalorizam;
☐ Pagamos corretagem, emolumentos ou qualquer outra taxa devida.

GLOSSÁRIO

Dividendo Corresponde à parte dos ganhos de uma empresa que será dividida entre seus acionistas. Esse valor é distribuído em dinheiro e proporcional à quantidade de ações possuídas. Há empresas que pagam dividendos regularmente, podendo consistir em fonte de renda. Quando uma empresa obtém lucro, parte desse lucro é utilizada para reinvestir na própria empresa, parte é o lucro retido, que vai formar as reservas da empresa, e a parte restante destina-se ao pagamento de dividendos.

Juros sobre capital próprio Outra forma de remunerar os acionistas. Os juros sobre capital próprio são distribuídos com base nas reservas de lucros da empresa, ou seja, os lucros apresentados nos anos anteriores e que ficaram retidos na empresa.

Bonificação Quando a empresa aumenta capital incorporando reservas ou outros recursos. Emite novas ações e distribui gratuitamente entre os acionistas na quantidade proporcional de ações possuídas. Esse tipo de bonificação é conhecido como **filhotes.** Imagine suas ações dando filhotes! Sinônimo de lucro. A bonificação também pode ser em dinheiro, quando as reservas não são incorporadas.

Se o patrimônio aumenta, o valor da cota se valoriza, tornando-se maior. Caso contrário, o patrimônio diminui e o valor da cota se desvaloriza, ficando menor.

Como funciona o sistema de cotas? Segue uma simulação ilustrativa para você entender de vez como funciona:

Dia 01
Patrimônio: R$600,00 – Valor da cota: R$ 1,000000 –
Quantidade de cotas: 600

Nesse dia, o patrimônio está em caixa. Com esse dinheiro, compram-se quatro ações do Banco XYZ a R$119,90. Pagando corretagem, emolumentos, taxa de liquidação, sobrou em caixa R$110,70. Durante os próximos dias, nenhum depósito é realizado, mas as ações sobem e seu novo valor é R$125,00. Na abertura do dia 05, os números são os seguintes:

Dia 05
Patrimônio: R$610,70 – Valor da cota: R$1,017833 –
Quantidade de cotas: 600

O valor do patrimônio é composto por caixa de R$110,70, mais quatro ações que valem R$125,00 cada uma, o que totaliza R$610,70. Como não entrou nenhuma aplicação, o número de cotas continua o mesmo, e o valor da cota aumenta, porque o patrimônio aumenta por valorização das ações. Para calcular o valor da cota, basta dividir o patrimônio pela quantidade de cotas.

Nos próximos dias, o valor da cota continua aumentando por conta da valorização das ações da carteira, e uma cotista deposita R$100,00 na conta do clube. No dia seguinte (D+1), os números serão os seguintes:

Dia 10
Patrimônio: R$730,70 – Valor da cota: R$ 1,051167 –
Quantidade de cotas: 695,132393

Observe que com a nova aplicação, a quantidade de cotas aumenta, porque a aplicação da cotista gera novas cotas do clube. O valor do dinheiro em caixa também aumenta: agora são R$210,70. Com esse dinheiro já dá para comprar mais ações.

E assim continua...

Quem investe o mesmo valor todo mês adquire uma quantidade de cotas menor quando o valor da cota está mais caro e uma quantidade de cotas maior quando o valor da cota está mais barato.

Esse mecanismo também é análogo para quem investe em ações diretamente. Para um determinado montante, você compra menos quantidade de ações quando a ação está mais valorizada e compra mais quantidade quando o preço cai.

Cada sócia do clube recebe o extrato mensal de quantas cotas possui e seus valores. Mesmo com a sócia A investindo R$100,00 e a sócia B investindo R$1.000,00 diariamente, as cotas são calculadas e cada aplicação, discriminada.

No relatório de cotistas, temos todo o histórico das aplicações, com a quantidade de cotas adquiridas correspondentes de cada uma. Por esse relatório, as cotistas acompanham a evolução de seus investimentos e conferem se suas aplicações foram efetuadas corretamente.

8. Valorização e lucros

Investir em ações é arriscado e você pode perder dinheiro de vez em quando. Mas há mais chances de ganhar do que de perder dinheiro:

1. Você lucra quando as ações se valorizam. Essa é a forma mais comum de ganhar dinheiro investindo em ações, mas que muitos pensam que é a única.
2. Você lucra quando recebe **dividendos**.
3. Também lucra quando recebe **juros sobre capital próprio**.
4. E ainda pode receber alguma **bonificação** em ação ou em dinheiro.

No relatório de movimentação do caixa do clube de dezembro, encontram-se dois lançamentos: um em 18/12/06, R$102,36, creditado a título de dividendos sobre 150 mil ações das Lojas Americanas (LAME4), e outro em 28/12/06, R$333,82, a título de dividendos sobre trezentas ações da Submarino (BTOW3, antes SUBA3).

Já falei sobre dividendos anteriormente quando abordei o sistema de cotas. É que os dividendos afetam o valor da cota e, portanto, a rentabilidade do clube. Existe um índice, mais conhecido como *dividend yield*, ou remuneração por dividendos, que é o quociente de valor dos dividendos distribuídos por ação pela cotação da ação no dia.

Uma empresa distribui dividendos: R$0,970 por ação.
Preço da ação: R$41,00.

Dividend yield = 2,36 % = 0,97/41.

Lucro de 2,36% só com o recebimento de dividendos! Nesse exemplo, seria depositado, na conta da acionista que tivesse cem ações da empresa, o valor de R$97,00.

Há empresas que pagam dividendos regularmente, podendo consistir em fonte de renda. Mas para quem está começando a investir em ações, o dinheiro recebido em forma de dividendos deve ser reinvestido em novas ações ou destinar-se a um investimento em renda fixa.

Veja a seguir algumas empresas e seus correspondentes *dividend yields* em 2003:

Coelce:	23,91%
Fostert:	23,08%
Eternit:	19,91%
Gerdau Metalúrgica:	16,61%
Lojas Americanas:	16,14%
Alpargatas:	15,85%

Fonte: Economática.

Os setores de energia elétrica, siderurgia e metalurgia costumam pagar bons dividendos.

9. Investimento regular

Uma das estratégias mais eficientes para investir em ações é a aplicação sistemática e regular. É possível programar os DOCs ou TEDs para não deixar de aplicar todo mês. Esse artifício é eficiente para quem afirma não ter disciplina. Agindo assim, não é preciso se preocupar se é o momento certo para investir ou não. E principalmente estará pagando a si própria em primeiro lugar – outra regra para quem quer ganhar dinheiro investindo.

Fala-se muito que o bom investimento implica comprar na baixa e vender na alta. Será que é fácil fazer isso? Mesmo quem fica no computador 24 horas por dia, com acesso a todas as informações disponíveis, abertura e fechamento dos outros mercados como Nova York, Londres, Hong Kong, Tóquio, dificilmente consegue entrar ou sair nos momentos em que, depois, os gráficos nos mostram ser os picos de alta e de baixa.

Investir regularmente protege as investidoras dos solavancos do mercado. Evita-se desejar sempre estar certa do momento de comprar ou vender ações. Não é preciso preocupar-se com o fato de a bolsa estar em alta ou em baixa.

Ao comprar ações periodicamente, independentemente do momento do mercado, compra-se mais quando os preços estão mais baixos e menos quando os preços estão mais altos.

Exemplificando: vamos observar as aplicações da Catharina no relatório a seguir:

Sistema COTISTA

Relatório COT 102 C

Nº NOTA	Dt operação	Dt Conversão	Quantidade Cotas	Valor aplicação	Valor Corrigido	Provisão IOF	Valor IR
CT4880 - CARLA							
Total de Cotista:			673,53439716	1.000,60	2.362,96	0,00	204,34
CT6424 - CATHARINA							
8988226	04/03/2005	04/03/2005	292,98380380	450,38	1.027,88	0,00	86,62
8988239	18/03/2005	18/03/2005	136,21072100	200,38	477,87	0,00	41,62
8988311	25/05/2005	25/05/2005	77,82448889	100,00	273,03	0,00	25,95
8988349	23/06/2005	23/06/2006	75,52132516	100,36	264,95	0,00	24,68
9889366	28/06/2005	28/06/2005	75,13807208	100,38	263,61	0,00	24,48
8988442	21/09/2005	21/09/2005	58,20484590	100,38	204,20	0,00	15,57
8988476	20/10/2005	20/10/2005	63,63844000	100,38	223,26	0,00	18,43
8988591	30/01/2005	30/01/2006	44,65571546	100,38	156,67	0,00	8,44
8988630	09/03/2006	09/03/2006	45,54412429	100,38	163,29	0,00	9,43
8988658	27/03/2006	27/03/2006	45,65869554	100,38	160,18	0,00	8,97
8988695	26/04/2006	26/04/2006	130,71696660	300,00	458,60	0,00	23,79
8988773	23/06/2006	23/06/2006	49,10673935	100,00	172,28	0,00	10,84
8988854	16/08/2006	16/08/2006	90,87283257	200,00	318,81	0,00	17,82
8988893	18/09/2006	18/09/2006	139,17979070	300,00	488,29	0,00	28,24
79424	26/12/2006	26/12/2006	110,17478052	299,24	386,53	0,00	13,09
Total do cotista:			1.436,43134196	2.652,66	5.039,45	0,900	357,97
F48328 - CELIA							
82207	15/02/2007	15/02/2007	345,93100470	1.000,76	1.213,63	0,00	31,83
83486	14/03/2007	14/03/2007	1.478,89023511	4.000,76	5.188,40	0,00	178,14
85649	20/04/2007	20/04/2007	161,38778201	500,76	566,20	0,00	9,91
Total do cotista:			1.986,20902003	5.502,28	6.968,23	0,00	219,88

Observe que ela fez aplicações regulares nos anos 2005 e 2006. Ela não se preocupou com o fato de estar comprando cotas caras ou baratas. Mas observe que devido à variação do valor da cota, para um mesmo valor aplicado a quantidade de cotas adquiridas varia.

Aplicou R$100,38 em 28/06/2005 e adquiriu 75,1380 cotas.

Aplicou R$100,38 em 21/09/2005 e adquiriu 58,2048 cotas. Menos cotas do que da última vez, porque o valor da cota subiu.

Aplicou R$100,38 em 20/10/2005 e adquiriu 63,6384 cotas. Mais cotas do que da última vez, porque o valor caiu. E assim segue pelos próximos meses.

Olhando um pouco para trás, acabo me vendo como a maioria das mulheres típicas da minha época, que deram prioridade à carreira, casaram-se depois dos 30, pretendem ter um único filho...

Sobre o mercado financeiro, não entendia absolutamente nada! Eu poderia até me sentir envergonhada contando isso. Afinal, tenho boa formação acadêmica, muito acesso a informações por meio de jornais, revistas e Internet, por exemplo, mas olhando a meu redor é exatamente isso que ocorre com as mulheres típicas da minha época – e também com os homens, sejamos honestos: as pessoas entendem muito pouco sobre os diferentes tipos de aplicação financeira, sobre Bolsa de Valores, então é o medo que fala mais alto.

Claro que isso está mudando, acredito que, em função dos anos sucessivos de alta nas Bolsas, mais pessoas têm-se animado a conhecer o mercado de ações. E eu entrei nesse momento também...

Não cheguei aqui por acaso. Quando pensei sobre o que escrever, lembrei-me imediatamente de um antigo gerente meu, ótima pessoa, que sempre dizia: "As pessoas aprendem pelo amor ou pela dor." No meu caso, foi uma dor danada! Deixe-me contar com mais calma...

Meu padrão de vida sempre foi de classe média, carro novo a cada pelo menos dois ou três anos. Viagens ao exterior, cursos, roupas no-

vas na mudança de estação. Viagens a cidades próximas com os amigos, almoços ou jantares em restaurantes etc. Uma vida de razoável conforto. Por favor, não me veja como uma pessoa fútil, ou "patricinha", muito pelo contrário. Eu brinco dizendo que "Sou gente que rala"! Sempre trabalhei demais, estudei demais, me comprometo demais... etc. e por causa disso sempre achei que merecia todos os mimos que me dava. Afinal... eu fazia tanta coisa... tinha de cuidar de mim também. Você nunca pensou assim? Pensando dessa forma, meus investimentos eram mínimos e somente em poupança. Não é verdade que você sempre ouviu que era a opção mais segura?

Pois é, o tempo foi passando e, quando casei, eu e meu marido compramos um apartamento e tudo o mais que se coloca dentro dele, festa de casamento, almoços para receber a família na nova casa etc. Com a vida de casada, surgiram novos custos e, algum tempo depois, um filho e, com ele, além de toda a felicidade, alegria e amor, surgiram também contas de creche, móveis, fraldas etc. Enfim, nosso custo de vida aumentou significativamente.

Durante algum tempo, usamos o cartão de crédito, depois o cheque especial e fomos vivendo assim por algum tempo. A cada dia eu ficava mais preocupada porque nunca havia considerado cheque especial parte de minha renda ou tivera faturas tão altas de cartão de crédito. Resultado: depois de certo tempo, estávamos sem saída.

Para me ajudar a resolver esse problema, afinal você não sai por aí contando que está quebrado, comecei a ler diversos livros sobre finanças pessoais, planejamento financeiro, investimentos etc., na tentativa de encontrar melhores alternativas de soluções para meus problemas.

Tomei uma atitude mais radical tentando pôr um ponto final nessa ciranda: vendi nosso carro para saldar as dívidas e troquei dívidas de juros mais altos por uma única com juros mais baixos. Depois de alguns meses, conseguimos zerar tudo.

Quando finalmente conseguimos nos levantar e atingir uma situação mais tranqüila – sem dívidas –, decidi que queria mais. Não bastava deixar de ter dívidas, eu queria ter tranqüilidade financeira, ter uma reserva, ter garantias e também garantir um futuro mais tranqüilo para o meu filho...

Havia me cansado de trabalhar para os bancos e cartões de crédito (por meio do pagamento de juros) e também para o governo, já que, convenhamos, a alíquota de imposto de renda é um absurdo! Fora todos os outros impostos: CPMF, ISS, IPVA, IPTU etc. Deixe-me parar de lamentar...

Comecei a buscar vários eventos sobre mercado financeiro e, num desses, conheci uma das integrantes do Clube de Investimentos Mulherinvest. Já tinha ouvido que participar de um Clube de Investimentos era uma das melhores maneiras de um iniciante começar no mercado de ações. Fiquei muito interessada e resolvi participar de uma reunião.

Qual foi minha surpresa no dia de minha primeira reunião? Achei um barato! O grupo era totalmente heterogêneo, as mulheres conversavam sobre diversos assuntos. Entre uma observação sobre a política da América Latina ou sobre os rumos da PDVSA, alguém soltava um comentário sobre como achava bonitos os brincos da outra. Depois, o assunto voltava para o mercado de opções e, no meio da discussão, alguém comentava como o CEO de determinada empresa era gato! Achei muito engraçado e também fiquei muito animada, mulheres inteligentes, antenadas com política, economia, mercado, mas não só isso, também com moda, literatura, celebridades, universo corporativo e muitos outros assuntos.

Engraçado que, desde que comecei a participar do grupo, os assuntos de economia, que antigamente pareciam apresentar uma linguagem inacessível para mim, passaram a me atrair bastante. Comecei a gostar das coisas que lia, de ver como as pessoas de sucesso nessa área agiam.

Fiquei muito impressionada em constatar que a forma como somos criados influencia totalmente nosso comportamento em finan-

ças. Isso também me trouxe mais responsabilidade, porque tenho um filho pequeno. Que tipo de informação eu estava passando para ele? Será que o estaria ajudando ou colocando um monte de minhocas em sua pequena cabecinha, de forma a afastá-lo do dinheiro, coisas do tipo: "Dinheiro é sujo", "Não se fala de dinheiro à mesa", "Quem tem dinheiro não presta", "Dinheiro não traz felicidade", "É preciso dar duro para ganhar dinheiro"... e milhares de outras coisas que, tenho certeza, você já ouviu.

É uma pena que planejamento financeiro não seja matéria de colégio!! Talvez se eu tivesse começado logo que comecei a ter renda própria, minha estória hoje seria bem diferente...

Eu me associei ao grupo, faço investimentos regulares, participo das reuniões, já aprendi muita coisa e estou feliz da vida com os resultados.

Se você se identificou com minha história, sugiro que busque mais informação, não perca tempo! Porque tempo é o que mais você tem a perder.

RENATA, 30 anos, um filho, profissional de TI

10. A hora de vender

Não vamos vender ações regularmente, mas o momento de mercado não deve importar muito, porque nunca saberemos se estamos num bom momento ou não para vendê-las. Para facilitar nossa vida e nossos investimentos, devemos seguir uma linha de raciocínio semelhante na hora de vender as ações.

Se você precisar de dinheiro e para isso tiver de vender ações, venda. Depois de um longo prazo, é muito provável que já esteja satisfeita com o lucro acumulado e então possa colher os frutos que plantou.

Mas você também pode vender ações em duas outras ocasiões e, mesmo assim, não se preocupar com o momento de mercado.

1. Definindo um valor-teto para o preço da ação

Para se ter uma idéia de limite máximo do preço, consulte o gráfico da variação do preço dos últimos três ou cinco anos. Quanto mais tempo, melhor. O preço-alvo ou preço justo da ação calculado pelos analistas dos bancos, das corretoras e das consultorias também pode ajudar a definir o preço de venda da ação.

2. Definindo um valor-piso para o preço da ação

Estabeleça uma perda máxima para um ano de 10% a 20%. E, para que não desista na hora em que tiver de dar a ordem de venda, minha sugestão é colocar uma ordem de stop loss.

Exemplo de ordem de *stop loss*:

Suponha uma ação com cotação hoje de R$10,00. Seu preço está de lado há algum tempo e agora começa a cair. Você decide que vai vendê-la se a desvalorização atingir 20%. Coloca uma ordem de *stop loss* a R$8,00. Se a ação chegar a R$8,00, o sistema ou o corretor vai vendê-la imediatamente.

Utilizando as ordens de *stop loss*, não há risco de titubear na hora de vender uma ação em queda ou com prejuízo. É muito comum, principalmente entre as mulheres, apegar-se a uma ação e não querer vendê-la quando está desvalorizada. Elas querem esperar o momento da recuperação. Na verdade, esse comportamento pode ser visto como o quanto elas já compreendem o mecanismo do mercado. Porém, limitar as perdas sem emoção é preciso.

GLOSSÁRIO

Stop loss Ordem de venda feita antes de o preço de uma ação se desvalorizar; serve para limitar as perdas.

11. Preço médio

Preço médio é resultado de aplicações periódicas. Na verdade, é a fórmula que você tanto procura para investir em ações. Essa estratégia é ideal para evitar que você concentre um volume significativo de investimento no momento errado. Não há outra fórmula mais simples e mais fácil de adotar do que a fórmula do preço médio. É o poder do investimento com disciplina.

Com os investimentos no piloto automático, você pode responder tranqüilamente que seus investimentos vão bem quando alguém lhe perguntar sobre eles, mesmo em épocas de vacas magras.

Simulação de investimento a preço médio:

R$100,38 em 28/06/2005 = 75,1380 cotas a R$1,335941
R$100,38 em 21/09/2005 = 58,2048 cotas a R$1,724600 ⇑
R$100,38 em 20/10/2005 = 63,6384 cotas a R$1,577349 ⇓
R$100,38 em 30/01/2006 = 44,6557 cotas a R$2,247865 ⇑
R$100,38 em 09/03/2005 = 45,5441 cotas a R$2,204017 ⇓

Nesse período, a cotista adquiriu 287,181000 cotas ao preço médio de R$1,747678. Então, mesmo que o valor da cota continue caindo, chegando a R$2,00, essa cotista ainda terá lucro. Seu patrimônio valorizado com preço da cota a R$2,00 será de R$574,36, 14,43% acima do valor aplicado de R$501,90, em cinco vezes de R$100,38.

12. Liquidação

É o processo de transferência da propriedade dos títulos e o pagamento ou recebimento do valor financeiro da operação. Abrange duas etapas:

1. **Disponibilização dos títulos**: é o momento da entrega dos títulos à Bolsa pela corretora que intermediou a venda. Ocorre no segundo dia útil (D+2) após a execução da ordem (D0). As ações estarão disponíveis ao comprador após a liquidação financeira;

Primeiros passos Coleção **EXPO MONEY 47**

2. **Liquidação financeira**: é o pagamento do valor total da operação pelo comprador, recebimento pelo vendedor correspondente e efetivação da transferência das ações para o comprador. Ocorre no terceiro dia útil (D+3) após a realização do negócio em pregão.

No clube, a conversão dos recursos em cotas ocorre no seguinte dia útil (D+1) à transferência financeira via DOC ou TED. A liquidação financeira, no caso de quem solicita resgate, ocorre no quarto dia útil (D+4) após a solicitação do resgate.

13. Imposto de Renda sobre ganhos de capital

A Bovespa sempre defendeu a redução da alíquota de Imposto de Renda (IR) incidente sobre os ganhos de capital, idéia acolhida, enfim, pelo Ministério da Fazenda. Assim, desde 1º de janeiro de 2005, a alíquota vigente é de 15%.

Abaixo, o que você deve saber para ficar em dia com o Leão, conforme a Lei 11.033 de 21/12/2004.

Não sei se é de seu conhecimento, mas a entrega da declaração de Imposto de Renda é obrigatória para quem tem um total anual de rendimentos tributáveis acima de R$14.992,32.

No Demonstrativo de Renda Variável, somente devem ser declarados os ganhos líquidos de operações cuja **alienação** tenha sido superior a R$20 mil no mês e, na ficha de rendimentos isentos e não-tributáveis, os ganhos líquidos de alienações mensais que tenham sido inferiores a R$20 mil.

O ganho líquido menor que R$4 mil somente estará isento se o valor da alienação das ações for inferior a R$20 mil no mês. Prejuízos podem ser compensados, com ganhos auferidos no próprio mês ou nos meses subseqüentes.

GLOSSÁRIO
Alienação Valor de venda ou resgate das ações.

48 Coleção **EXPO MONEY** A bolsa para mulheres

EXEMPLO DE APURAÇÃO DE LUCRO SOBRE GANHOS DE CAPITAL

Empresa	Qtde.	Venda	Compra	Custos	Lucro/prejuízo
SUBA3	300	71,00	41,15	44,67	8.910,33
LAME4	100.000	122,97	81,29	42,61	4.167,96
				venda total	R$ 33.597,00
Alienação acima de R$ 20 mil				lucro/prejuízo	R$ 13.078,29
				IR devido (15%)	R$ 1.961,74

Quando houver lucro, como no exemplo acima, é preciso pagar o DARF, até o último dia útil do mês subseqüente ao mês da alienação. Veja o modelo do DARF a seguir. Nesse caso, a venda das ações ocorreu no dia 16 de agosto e o DARF deverá ser pago até o último dia útil de setembro. O código da receita é 6015, imposto de renda sobre ganhos líquidos nos mercados de renda variável.

Cálculo apurado, DARF preenchido, basta ir a qualquer agência e pagar.

MINISTÉRIO DA FAZENDA **SECRETARIA DA RECEITA FEDERAL** Documento de Arrecadação de Receitas Federais **DARF**	**02** PERÍODO DE APURAÇÃO ➡ 16/08/2007
	03 NÚMERO DO CPF OU CNPJ ➡ 999.999.999-99
	04 CÓDIGO DA RECEITA ➡ 6015
01 NOME / TELEFONE	**05** NÚMERO DE REFERÊNCIA ➡
Xxxxxxxx Xxxxxxx X Xxxx – NNNN-NNNN	**06** DATA DE VENCIMENTO ➡ 28/09/2007
	07 VALOR DO PRINCIPAL ➡ R$ 1.961,74
Veja no verso **instruções para preenchimento**	**08** VALOR DA MULTA ➡
ATENÇÃO	**09** VALOR DOS JUROS E / OU ENCARGOS DL - 1.025/69 ➡
	10 VALOR TOTAL ➡ R$ 1.961,74
É vedado o recolhimento de tributos e contribuições administrados pela Secretaria da Receita Federal cujo valor total seja inferior a R$ 10,00. Ocorrendo tal situação, adicione esse valor ao tributo/contribuição de mesmo código de períodos subseqüentes, até que o total seja igual ou superior a R$ 10,00.	**11** AUTENTICAÇÃO BANCÁRIA (Somente nas 1ª e 2ª vias)

Acesse o site http://www.trf1.gov.br/Processos/Darf/default.htm e preencha o DARF eletronicamente.

GLOSSÁRIO

DARF Documento de Arrecadação de Receitas Federais.

Voltando à declaração anual, os lucros e dividendos recebidos estão isentos do IR, portanto, somente devem ser declarados na Ficha Rendimentos Isentos e Não-tributáveis.

Conforme instruções da Receita Federal, somente as despesas efetivamente pagas constantes em notas de corretagem para a realização de operações de compra ou venda (corretagens, taxas de custódia etc.) podem ser consideradas na apuração do ganho líquido, sendo acrescidas ao preço de compra e deduzidas do preço de venda das ações.

As ações devem ser discriminadas na Ficha de Bens e Direitos pelo custo de aquisição, ou seja, mesmo que o preço das ações na data da declaração seja outro, mais alto ou mais baixo, deve permanecer o preço pago. Somente as ações com valor de aquisição igual ou superior a R$1 mil devem ser informadas.

No caso de ações recebidas em bonificação, em virtude de incorporação ao capital social da pessoa jurídica de lucros ou reservas, considera-se custo de aquisição o valor do lucro ou reserva capitalizado que corresponder ao acionista ou sócio, independentemente da forma de tributação adotada pela empresa. E o custo das ações deve ser apurado pelo valor médio ponderado; portanto, as bonificações deverão alterar o valor médio unitário.

Não há limite para o lucro anual; o limite de isenção é mensal e estipulado pelo conjunto de alienações mensais. Porém, caso os rendimentos isentos ultrapassem R$80 mil no ano, o contribuinte estará obrigado a fazer a declaração de ajuste anual.

Toda a retenção em fonte tem por objetivo exercer um controle sobre a tributação dos rendimentos. Como a Receita Federal tem no mínimo cinco anos para checar as informações, sempre poderá, nesse prazo, solicitar explicações dos contribuintes, principalmente em relação a divergências significativas e depósitos superiores a R$5 mil. Hoje, existe um departamento dotado de um computador muito potente para cruzar essas informações.

Na declaração simplificada, os rendimentos de aplicações em ações devem ser informados na Ficha Demais Rendimentos e Imposto Pago do Titular.

Aqui, acabamos a primeira parte do livro, que consiste numa orientação sobre os primeiros passos em direção aos investimentos em ações. São conceitos básicos que as investidoras devem ter. Não é preciso saber tudo na ponta da língua, até porque este livro pode ajudá-la a refrescar sua memória em momentos de dúvida.

Para deixá-la ainda mais tranqüila, saiba que até perdi a conta do número de vezes que já falamos sobre alguns desses assuntos que acabamos de ver, principalmente o sistema de cotas. De fato, há certa dificuldade em absorver esse mecanismo. Transferência de recursos, isenção de CPMF e imposto de renda também são tópicos que constantemente entram na nossa pauta. Mas esta é minha função: estar sempre orientando quem tem dúvidas.

CAPÍTULO 3

Investindo em ações: Teoria

Agora, chegou o momento de conhecer as técnicas que adotamos para escolher as ações. São conceitos de economia e finanças que nos ajudam nas tomadas de decisões. Como você já conhece algumas das mulheres do clube e acredito que deva ter-se identificado com alguma delas, espero que isso seja motivação suficiente para não desistir desta parte. Os tópicos que serão apresentados nas páginas a seguir foram pauta de muitos dos nossos encontros.

As mulheres do clube garantem que não é preciso ter mestrado ou doutorado em economia ou finanças para acompanhar o que vem pela frente nem para investir em ações. Mas é preciso ter um conhecimento mínimo para saber as conseqüências de um investimento malfeito.

1. Básico de economia

Os conceitos que seguem nesta seção não vão torná-la economista. Nem eu tenho qualificação adequada para isso. Mas essas variáveis são as mais importantes a serem consideradas na hora de escolher seus investimentos. Sugiro que você saiba esses conceitos de cor e salteado, pois sempre serão trazidos à mesa numa tomada de decisão.

As mulheres do clube já tiram esse básico de economia de letra; se você encontrar alguma delas por aí, pode perguntar.

Taxa de juros

Determina os eventos econômicos, tanto os domésticos como os que acontecem no mundo.

A taxa de juros americana afeta o valor de todas as outras moedas e, conseqüentemente, de seus mercados.

A taxa básica de juros da economia baliza nossos investimentos. Essa é a taxa de **investimento livre de risco,** também conhecida como **custo de oportunidade**.

Há muitos profissionais dedicados exclusivamente a estimar taxas de juros. No Brasil, conhecidos como copomistas, debruçam-se sobre todos os sinais emanados da autoridade monetária, a fim de tentar prever os rumos da taxa Selic, a principal variável operacional utilizada pelo Copom para manter a taxa de inflação dentro do intervalo de metas pré-aprovadas pelo Conselho Monetário Nacional (CMN).

Para bem executar tal tarefa, esses profissionais fazem uso de um arsenal de conhecimentos, de elaborados modelos econométricos de previsão da economia a análises detalhadas dos documentos produzidos pelo Banco Central, como notas, atas, relatórios de inflação, declarações dos diretores e qualquer outro que aparecer pela frente.

A taxa de juros é importante porque:

- ☐ Afeta o comportamento de consumo.
- ☐ Influencia o comportamento dos investidores.
- ☐ Impacta as estratégias das empresas.

Inflação

Quando uma economia cresce muito rapidamente, logo, logo, surge o fantasma da inflação. Quando as pessoas estão com muito dinheiro no bolso mas poucas opções para comprar, os preços sobem no posto de gasolina, nos supermercados e nos shoppings. De repente, os reais em sua carteira passam a valer menos. Este é o fenômeno da inflação, difícil de ser controlado.

GLOSSÁRIO

Copomistas Economistas que se dedicam a prever as decisões do Copom na implementação da política monetária e no regime de metas de inflação.

Copom Comitê de Política Monetária.

Como comprar ações é um investimento de longo prazo, precisamos estar atentas à inflação, porque ela vai determinar o poder de compra no futuro.

É importante que, na avaliação periódica de seus investimentos, a rentabilidade seja maior do que a inflação. Só assim, você estará enriquecendo. Se a rentabilidade for igual à inflação, significa que seus investimentos estão mantendo o poder de compra, e investimentos que apenas mantêm o poder de compra são chamados investimentos de **preservação de capital**. Por outro lado, se ficar abaixo da inflação, não é bom. Significa que o dinheiro que compraria hoje uma geladeira ou pagaria uma viagem não terá o mesmo poder de compra no futuro.

No longo prazo, os investimentos em ações tendem a superar com folga a inflação.

PIB – Produto Interno Bruto

O Produto Interno Bruto (PIB) é uma medida do que o país produz. O PIB é o instrumento para os economistas analisarem a riqueza do país em determinado momento.

O PIB é composto por:

☐ **Consumo:** Total gasto pelos brasileiros com produtos e serviços. O quanto você gasta no supermercado ou no shopping afeta diretamente o valor do PIB, assim como a economia como um todo. O consumo representa 50% a 60% do PIB e pode ser dividido em: bens duráveis , não-duráveis e serviços .

GLOSSÁRIO

Bens duráveis Itens que duram três anos ou mais. Seu carro, seus móveis e eletrodomésticos, seu computador. Todavia, com o avanço da tecnologia, alguns itens estão se tornando obsoletos antes de completar três anos.

Bens não-duráveis Itens que duram menos de três anos. Estes produtos incluem comidas, roupas, produtos de higiene pessoal, brinquedos, entre outros.

Serviços Esta é uma categoria que tem crescido muito nas economias de todo o mundo, inclusive no Brasil. Quanto você gasta em despesas médicas e odontológicas? Muitas de nós gastamos verdadeiras fortunas nos salões de beleza com manicures e cabeleireiros. Sem falar nos advogados e contadores!

- **Investimentos:** Os investimentos realizados pelas empresas, tanto as grandes como as pequenas. Esta categoria inclui tanto itens mais caros, como aviões e fábricas, como matérias-primas usadas na produção de brinquedos ou roupas.
- **Gastos do Governo:** Apesar dos gastos que sabemos que podem ser reduzidos, há outros que incluem itens necessários como estradas, escolas públicas e previdência social.
- **Exportações:** Os produtos e serviços que vendemos para outros países. Carne de frango e bovina, celulose, óleo de soja, automóveis e calçados são algumas de nossas exportações.
- **Importações:** Os produtos e serviços que compramos de outros países. Produtos siderúrgicos, químicos, equipamentos mecânicos e eletrônicos são alguns dos produtos que importamos.

Segue a fórmula do PIB, que é muito simples:

$$PIB = C + I + G + (X - M)$$

Traduzindo: PIB = Consumo + Investimentos + Gastos do Governo + Diferença entre exportações e importações.

Dois trimestres consecutivos de queda do PIB espalham problemas na forma de recessão. O PIB é o termômetro indispensável do bem-estar financeiro do país, por isso é constantemente monitorado tanto por analistas financeiros quanto políticos.

Em geral, o preço das ações sobe antes de a economia crescer. Isso ocorre porque os investidores compram os lucros futuros. O mercado de ações é um prévio indicador da direção da economia.

> *Investir na Bolsa é investir no país! Manter a riqueza gerada aqui para nossos cidadãos!*
>
> *Deve-se começar estudando o funcionamento do mercado de capitais no Brasil. Não tente começar sozinho somente com palpites de amigos. É um estudo eterno e bem recompensador!*
>
> *A Bolsa não é cassino, mas pode-se perder dinheiro por falta de habilidade e interesse em se manter atualizado em relação ao que ocorre com as notícias do país!*
>
> **BÁRBARA, 33 anos, solteira, Analista de Sistemas**

2. Benchmarks

Benchmark é o termo que usamos no mercado financeiro para referência. Quando precisamos avaliar o desempenho dos investimentos, é necessário ter uma referência para fazer comparação. Por exemplo, usamos como *benchmark* o Índice da Bolsa de Valores de São Paulo, o Ibovespa, para avaliar o desempenho de nosso clube.

Data	Retorno do Clube	Var. do Ibovespa	Análise
nov/2004	2,46%	9,01%	Nesse mês, a rentabilidade do clube ficou bem abaixo do Ibovespa.
2005	33,10%	27,25%	A rentabilidade do clube, acumulada no ano de 2005, foi superior à variação do Ibovespa.
2006	47,15%	32,93%	Idem a 2005.
fev/2007	−1,89%	−1,68%	Nesse mês, o mercado foi ruim e a rentabilidade do clube foi ainda mais negativa do que a variação do Ibovespa.

Ibovespa é o índice que mede a variação de uma carteira teórica. Esta carteira contém tanto **ações de primeira linha** quanto **ações de segunda linha**. O primeiro critério para que uma ação

Investindo em ações: Teoria — Coleção **EXPO MONEY** 57

faça parte do Ibovespa é seu índice de negociabilidade, ou seja, é preciso que ela esteja entre as 80% mais negociadas no mercado. O segundo critério é sua presença nos negócios realizados. E o terceiro é sua participação com uma representação de, no mínimo, 0,1% do volume total da Bolsa.

Ações de primeira linha em geral são ações de empresas tradicionais, com valor de mercado robusto, acima de R$5 bilhões. São as mais procuradas pelos investidores e, por isso, são as mais negociadas no mercado. Exemplos: Vale do Rio Doce, com valor de mercado de R$80 bilhões, Lojas Americanas, com valor de mercado de R$7,5 bilhões, entre outras. As empresas de primeira linha, também são conhecidas como *blue-chips* .

Ações de segunda linha são ações de empresas de boa qualidade, mas, em geral, de médio porte, com valor de mercado abaixo de R$5 bilhões. Dentre as ações de segunda linha, podemos ter:

IBX-100 (Índice Brasil) é o índice que mede a variação de uma carteira hipotética composta pelas cem ações mais negociadas em termos de número de negócios e volume financeiro do Bovespa. A ponderação é realizada de acordo com o valor de mercado das empresas, excluindo a parcela que está em mãos dos controladores. Dessa forma, este índice se diferencia do Ibovespa, pois reflete critérios de capitalização e *free float* , enquanto o Ibovespa se baseia somente em critérios de liquidez .

GLOSSÁRIO

Blue chips termo que tem origem nos cassinos americanos, em que as fichas de cor azul são as mais valiosas. Empresas de primeira linha.

Valor de mercado Número de ações da empresa multiplicado pela cotação da ação.

Capitalização O mesmo que valor de mercado.

Free float Percentual do capital de uma empresa que não se encontra nas mãos de acionistas estratégicos, aqueles com participação superior a 5% do capital total. Dessa forma, o *free-float* das ações de uma empresa é um indicador importante de sua **liquidez** no mercado, pois indica qual é o percentual das ações que pode ser efetivamente negociado no pregão.

Liquidez A rapidez com que uma ação pode ser comprada ou vendida. Por exemplo, se você quer vender ou comprar uma ação da Petrobras, basta colocar a ordem e pronto, ela será executada. Mas há empresas em que vender ou comprar suas ações não é assim tão fácil. As ações do nosso clube têm alta liquidez.

IBX-50 (Índice Brasil) é o índice ponderado por critérios de **valor de mercado** e *free float*, que exprime a variação média diária de uma carteira de cinqüenta ações negociadas na Bolsa de Valores de São Paulo. O IBX-50 tem as mesmas características do IBX-100, mas apresenta a vantagem operacional de ser mais facilmente reproduzido pelo mercado.

Há ainda outros índices, mas como nunca usamos, achei que não era o caso entrar em mais detalhes. São eles:

IGC – Índice de Ações com Governança

ITAG – Índice de Ações com *Tag Along* Diferenciado

ISE – Índice de Ações com Sustentabilidade Empresarial

ITEL – Índice de Ações do Setor de Telecomunicações

IEE – Índice de Ações do Setor de Energia Elétrica

3. Análise fundamentalista

Começar um negócio próprio ou se tornar sócia de uma empresa já bem-sucedida? Bem, se o negócio próprio for um sonho, uma meta, vá em frente. Mas se a idéia é investir, comprar ações de empresas é uma alternativa melhor. Além de entrar num negócio já em andamento e com histórico de crescimento de vendas e lucros, é muito provável que você vá precisar de menos dinheiro. Com apenas algumas centenas de reais, você consegue se tornar sócia de uma empresa assim. Para abrir um negócio próprio, vai precisar de milhares de reais. Também é muito mais fácil vender alguns lotes de ações do que um negócio próprio.

Mas como concluir que uma empresa é bem-sucedida e tem um histórico de crescimento de vendas e lucros? É preciso analisar a saúde financeira da empresa, da mesma maneira que um médico avalia uma bateria de testes de check-up de uma paciente. Esse processo é conhecido como **análise fundamentalista**. São vários instrumentos usados para extrair informações com base nos números dos três relatórios financeiros mais importantes de uma empresa:

- ☐ balanço patrimonial
- ☐ demonstrativo de resultados
- ☐ demonstrativo de fluxo de caixa

Como não somos nem médicas nem analistas, conhecer essas ferramentas talvez seja a parte mais difícil dos investimentos em ações. É normal resistir a querer aprendê-las – na maioria das vezes, o motivo é a matemática. Algumas pesquisas já confirmaram que as mulheres têm menos habilidades com os números do que os homens, mas não é preciso decorar as fórmulas; basta entender os conceitos. Apesar de a análise fundamentalista não envolver cálculos complexos, hoje as informações estão disponíveis, portanto só é preciso saber interpretá-las.

Ao longo deste capítulo, vamos analisar os números de uma empresa teórica, à qual chamarei carinhosamente "nossa empresa".

Nessa parte, a teoria é pesada e sei que a essa altura do campeonato você já está ansiosa para começar a investir. Além do mais, todos esses conceitos não foram introduzidos numa única dose. Foram vários encontros e sempre tem gente me pedindo para recapitular.

Não tive criatividade suficiente para que o texto perdesse o formato de livro-texto. O que posso sugerir para que você não fique entediada com o assunto logo no início é que leia essa parte conforme seu interesse. Mas não deixe de passar por toda ela. E, se necessário for, releia várias vezes. Discuta com outras pessoas e tire suas dúvidas.

Vamos começar com a **margem bruta**. Muito utilizada quando queremos avaliar o lucro apenas em termos de produção.

$$\textbf{Margem Bruta} = \frac{\text{lucro bruto}}{\text{vendas}}$$

60 Coleção **EXPO MONEY** A bolsa para mulheres

DEMONSTRATIVO DE RESULTADOS EM 31/12/2005
(EM MILHÕES DE R$)

Vendas (ou Receita Operacional)	10.801
Custo dos Produtos Vendidos	– 5.207
Lucro Bruto	5.594
Pesquisa e Desenvolvimento	– 864
Custos Administrativos	– 1.229
Lucro Operacional	3.501
Receita Não-Operacional	+ 277
Lucro antes de Juros e Impostos (LAJIR)	3.778
Despesas de Juros	– 19
Lucro antes de Impostos (LAIR)	3.759
Provisão de Impostos	– 1.381
Lucro Líquido	2.378

Agora que conhecemos a fórmula para calcular a margem bruta, basta substituir pelos números devidos do relatório do Demonstrativo de Resultados da empresa em avaliação.

Em "nossa empresa", a margem bruta é 51,79%, resultado da divisão de 5.594 por 10.801. Se a "nossa empresa" não tivesse de pagar aos empregados e se não tivesse gastos com marketing, para cada real empregado na produção, o lucro seria de R$0,5179.

Mas, como esses gastos existem, temos então de avaliar a **margem operacional**. Esse número leva em conta (1) os custos de produção dos produtos vendidos no ano em questão, (2) os custos da administração de "nossa empresa" e (3) os custos de pesquisa e desenvolvimento. Empresas de tecnologia invariavelmente gastam muito com pesquisa e desenvolvimento, assim como as farmacêuticas.

$$\textbf{Margem Operacional} = \frac{\text{lucro operacional}}{\text{vendas}} =$$

$$= \frac{\text{vendas } - \text{ custo dos produtos vendidos} - \text{custos administrativos} - \text{custos de pesquisa e desenvolvimento}}{\text{vendas}}$$

Em "nossa empresa", a margem operacional é 32,42%, resultado da divisão de 3.501 por 10.801.

Agora, só temos mais uma margem para calcular, que é o quanto sobra para a "nossa empresa" depois de acertar as contas com o Leão. É a **margem líquida**.

$$\text{Margem Líquida} = \frac{\text{lucro líquido}}{\text{vendas}}$$

Em "nossa empresa", a margem líquida é 22,02%, resultado da divisão de 2.378 por 10.801. Esse número nos diz que R$0,22 ficam no caixa de "nossa empresa" para cada real recebido de vendas.

Já vimos margem bruta, margem operacional e margem líquida, mas os investidores querem ver mais do que margens decentes nessas categorias, por isso os analistas costumam desemaranhar o crescimento dos lucros de uma empresa. Das três margens vistas até o momento, é à margem operacional que os analistas dão mais atenção.

As receitas não-operacionais referem-se às receitas advindas de outros meios que não as vendas de seus produtos, podendo incluir uma ação ganha na justiça, receita da venda de um dos prédios de "nossa empresa" ou rentabilidade de aplicações financeiras. Apesar de esses fundos sempre serem considerados renda, é pouco provável que eles estejam disponíveis no próximo ano também. Esses eventos extraordinários devem sempre ser descontados, já que os investidores não poderão contar com eles no curso normal futuro das operações da empresa. A margem operacional, então, é muito importante, porque reflete somente a linha principal das operações do dia-a-dia.

O que interessa aos investidores é o crescimento dos lucros ao mesmo tempo que as margens se expandem. Isso significa que a empresa vai lucrar mais em cada venda.

Os lucros são reportados trimestralmente (quatro vezes ao ano) e os profissionais comparam os resultados com os lucros do mesmo trimestre do ano anterior.

Por exemplo, os lucros de "nossa empresa" no quarto trimestre de 2006 serão comparados com os lucros do quarto trimestre de 2005. Em geral, as vendas de empresas de comércio e varejo aumentam no último trimestre de cada ano, quando os produtos são comprados e embrulhados para presente de Natal.

Empresas crescendo

Toda empresa listada na Bolsa deve divulgar os relatórios financeiros trimestralmente. É comum o executivo financeiro fazer uma apresentação detalhando os itens dos relatórios e esclarecendo dúvidas. Apresentam também projeções para o trimestre seguinte, em geral da maneira mais otimista possível. É comum as empresas apresentarem seus relatórios financeiros trimestrais via teleconferência.

Os analistas, então, tentam separar o joio do trigo, o fato da ficção. Aí, formulam suas opiniões e anunciam as recomendações de investimentos para as próximas semanas ou meses.

Outra lição que também não deve ser esquecida é que os resultados passados não são garantias de lucros futuros.

Para continuar a análise de "nossa empresa", vamos observar a cotação da ação no último dia de pregão dos seguintes anos:

31 de dezembro de 2003	21,00
31 de dezembro de 2004	21,29
31 de dezembro de 2005	37,83
31 de dezembro de 2006	87,29

Vocês devem estar impressionadas com a rentabilidade de "nossa empresa" nesse período, principalmente de 2005 para 2006 – período em que mais do que duplicou.

Os investidores em ações compram lucros futuros das empresas, então o ideal é usar a fórmula para determinar se os lucros vão continuar a crescer de um trimestre para outro, ou de um ano para o outro. É simples: uma boa taxa de crescimento no lucro de uma em-

Investindo em ações: Teoria **Coleção EXPO MONEY 63**

presa é, na maioria das vezes, compensada por um aumento no preço da ação. Vamos colocar "nossa empresa" de novo no microscópio, mas dessa vez vamos examinar ambos os fatores – lucros e margens – para os três anos anteriores.

Em janeiro de 2007, "nossa empresa" anunciou um **desdobramento** das ações de 2-para-1. Isso significa que um investidor com um lote de cem ações ao preço de R$90,00, por exemplo, passou a ter duzentas ações ao preço de R$45,00.

Vamos analisar o crescimento de vendas de "nossa empresa", que pode ser calculado com facilidade. Mas primeiro precisamos conhecer os números de vendas divulgados no Demonstrativo de Resultados para 2003, 2004 e 2005, respectivamente:

			(em milhões de R$)
	2003	**2004**	**2005**
Vendas	5.855	7.681	10.801
Lucro Operacional	2.261	2.258	3.501
Lucro Líquido	1.530	1.525	2.378

Você não precisa saber matemática avançada, para calcular o **crescimento de vendas**. Basta utilizar operações básicas: subtração, divisão e multiplicação. Essa análise vai nos ajudar a entender por que o preço da ação não variou entre 2003 e 2004, mas subiu muito em 2005.

crescimento de vendas =

$$\frac{\text{(vendas do ano avaliado} - \text{vendas do ano anterior)}}{\text{vendas do ano anterior}}$$

Em 2004, o crescimento de vendas de "nossa empresa" foi de 31,19%, que é igual a 7.861 menos 5.855, resultando 1.826, que, por sua vez, é dividido por 5.855. Mesmo que você não tenha uma calculadora em mãos, é possível fazer essa conta facilmente na ponta do lápis. Um crescimento de vendas de 31,19% é muito expressivo. Mas então você pode estar se perguntando por que as ações de "nossa empresa" não se valorizaram entre 2003 e 2004. A resposta é que um expressivo crescimento em vendas não tem muito significado se não tiver um correspondente aumento expressivo nos lucros. Então, agora, vamos calcular o **crescimento nos lucros**, aplicando outra fórmula simples:

$$\text{crescimento nos lucros} =$$

$$\frac{(\text{lucro líquido do ano avaliado} - \text{lucro líquido do ano anterior})}{\text{lucro líquido do ano anterior}}$$

Em 2004, o crescimento nos lucros de "nossa empresa" foi negativo 0,32%. Isso nos mostra que os lucros diminuíram entre 2003 e 2004, embora tenha sido uma pequena queda, menor que 1%, e explica a pequena variação na cotação da ação nesse período, mesmo com um significativo aumento nas vendas.

Agora, analisando os resultados de "nossa empresa" em 2005, chegamos a um crescimento de vendas de 40,62% e a um crescimento nos lucros de 55,93%. Nesse caso, é notória a diferença no crescimento dos lucros de "nossa empresa", que foi negativo 0,32% em 2004, para expressivos 55,93% em 2005. Esse crescimento também explica a variação do preço da ação em 2005. Um movimento positivo no crescimento dos lucros é recompensado por uma correspondente valorização do preço da ação.

Os analistas também fazem questão de avaliar os lucros operacionais. Eles estão se expandindo ou se contraindo?

No caso de "nossa empresa", o lucro operacional se contraiu em 2004, mas voltou à expansão em 2005. Uma boa explicação foi um grande investimento em pesquisa e desenvolvimento durante o ano 2004, na expectativa de que tais gastos trariam resultados em 2005. As investidoras que compraram ações de "nossa empresa" em 2003 e mantiveram-nas ao longo de 2004 e 2005, acreditando nos retornos dos investimentos em pesquisa e desenvolvimento, tiveram condições de desfrutar de lucros maiores.

Resumindo, o que os investidores querem ver é uma taxa de crescimento constante, não apenas vendas ou lucros, mas uma expansão nas margens também. Você pode fazer a lição de casa ou encontrar essas informações nos relatórios das empresas e das corretoras. Quais as questões relevantes?

1. Qual o crescimento das vendas?
2. Qual o crescimento nos lucros?
3. Qual a margem operacional e como está esse número em relação ao do ano anterior?

Empresas com crescimento anual nos lucros anual devem estar em sua lista de possíveis investimentos.

Empresas de valor

Em vez de investir em empresas que estão crescendo muito, você pode querer investir em empresas que já estão estabilizadas no mercado. É um estilo de investimento conhecido como investimento de valor.

De novo, um exército de analistas especializados em farejar boas compras, inclusive entre as que não apresentam um histórico de crescimento de vendas e lucros. Esses analistas estão constantemente procurando por ações de valor. Nesse caso, quando o balanço patrimonial de uma empresa indica que o preço da ação está subestimado, pode representar uma mina de ouro.

Compreender as muitas nuances de um balanço patrimonial não é uma ciência; é uma arte. Em princípio, o balanço patrimonial de qualquer empresa é muito semelhante ao balanço patrimonial de um indivíduo. Vamos ver?

A maioria de nós possui bens, incluindo propriedades de imóveis e automóveis, assim como dinheiro no banco, investimentos em caderneta, fundos e ações, jóias, entre outros.

Muitos desses bens podem ser vistos como o lado bom de um balanço patrimonial. O lado ruim é que a maioria de nós tem contas a pagar, dívidas de uma espécie ou de outra. Tais dívidas incluem aluguel, prestações do financiamento do imóvel ou do automóvel e faturas de cartões de crédito. O que você possui passível de valor são seus **ativos**, enquanto os **passivos** são suas obrigações com os outros.

A diferença entre ativos e passivos é o **patrimônio líquido**. Uma equação tão simples que vale tanto para os indivíduos quanto para as empresas.

patrimônio líquido = total de ativos − total de passivos

Na terminologia corporativa, o total de ativos de uma empresa menos os passivos é conhecido como **capital próprio** ou patrimônio dos acionistas.

Saber extrair informações de um balanço patrimonial é pré-requisito para uma segunda avaliação sobre uma empresa em que você considera colocar seu dinheiro.

No balanço patrimonial de uma empresa, os ativos são separados em duas categorias: (1) ativos de curto prazo e (2) ativos de longo prazo.

Para ilustrar esse princípio, observemos mais uma vez os dados de "nossa empresa" na página seguinte.

GLOSSÁRIO

Ativos de curto prazo Itens que podem ser convertidos em dinheiro rapidamente, dentro do período de um ano. Os demais ativos pertencem ao segundo grupo, **ativos de longo prazo**.

Investindo em ações: Teoria **Coleção EXPO MONEY 67**

BALANÇO PATRIMONIAL – ATIVOS – 30/12/2005
(EM MILHÕES DE R$)

Conta-corrente	975
Títulos	663
Recebíveis	2.077
Estoque	1.336
Outros ativos de curto prazo	346
Total de ativos de curto prazo	5.397
Propriedades, fábrica e equipamentos	7.861
Depreciação acumulada	–2.881
Propriedades, fábrica e equipamentos líquidos	4.980
Investimentos	1.102
Outros ativos de longo prazo	189
Total de ativos de longo prazo	6.271
Total de ativos	11.668

GLOSSÁRIO

Conta-corrente Refere-se ao dinheiro em conta-corrente.

Títulos Estão incluídos nesta categoria títulos públicos (LTNs, NTNs) ou privados (CDBs, debêntures etc.) de curto prazo.

Recebíveis Nesta categoria estão todos os valores que "nossa empresa" tem a receber por serviços ou produtos vendidos. É muito comum as empresas não receberem imediatamente por suas vendas.

Estoque Estão em estoque todos os produtos já prontos esperando para ser vendidos, aqueles que estão quase prontos e toda a matéria-prima que será utilizada na produção.

Outros ativos de curto prazo Nesta categoria estão incluídos quaisquer outros ativos que sejam facilmente convertidos em dinheiro no prazo de um ano, inclusive itens relativamente insignificantes como selos postais.

Na categoria dos ativos de longo prazo, também entram outros itens referenciados em termos contábeis como intangíveis .

Todas nós somos consumidoras leais de determinados produtos. Pare para pensar em quantas marcas você escolhe como resultado de satisfação vivida no passado. Por exemplo, qual o seu sabão de lavar roupas? Seu refrigerante? Seu chocolate? Seu protetor solar?

No balanço patrimonial de uma empresa, o fator *goodwill* é meramente um dispositivo contábil, mas de fato ele é levado em conta quando uma empresa é comprada, vendida ou passa por uma fusão com outras empresas.

Agora, vamos pensar no que acontece com as fábricas e os equipamentos de uma empresa com o passar do tempo. Eles ficam ultrapassados e eventualmente devem ser substituídos. As empresas então calculam apropriadamente a depreciação desses ativos e apresentam seu valor líquido no Balanço Patrimonial.

Até então, só boas notícias sobre os ativos de "nossa empresa", tanto os de curto prazo quanto os de longo prazo. Agora é hora de olhar para o lado do Balanço Patrimonial que trata dos passivos.

GLOSSÁRIO

Intangíveis   Itens difíceis de quantificar, tais como patentes, direitos autorais, marcas registradas e até mesmo o *goodwill* .

Goodwill   Ao pé da letra, significa reputação, mas em finanças é um valor subjetivo atribuído à empresa por seu bom histórico de relacionamento com os consumidores durante um significativo período de tempo. As sandálias Havaianas são um exemplo de *goodwill*. Sempre preferimos as legítimas, embora pudéssemos optar por similares mais em conta, pois as outras fazem o mesmo efeito. Mas a satisfação com as sandálias por muitos anos nos torna fiéis à marca e, por isso, não nos importamos em pagar mais se preciso for.

Depreciação   Outro dispositivo contábil. Permite estimar o uso e o desgaste de ativos de longo prazo em relação à sua vida útil.

Investindo em ações: Teoria **Coleção EXPO MONEY 69**

BALANÇO PATRIMONIAL – PASSIVOS – 30/12/2005
(EM MILHÕES DE R$)

Contas a pagar	806
Despesas financeiras	869
Impostos	534
Outros passivos de curto prazo	203
Total de passivos de curto prazo	2.412
Provisões diversas	413
Dívidas de longo prazo	267
Outros passivos de longo prazo	483
Total de passivos de longo prazo	1.163
Total de passivos	3.575

O lado dos "números ruins" também é dividido em duas categorias: passivos de curto prazo e passivos de longo prazo.

Em "nossa empresa", o total de passivos de curto prazo é de R$2.412 milhões e inclui todas as dívidas que devem ser pagas nos próximos 12 meses, tais como impostos e salários. Os passivos de longo prazo, que totalizam R$1.163 milhão, são todas as dívidas que não têm de ser liquidadas até que outro ano inteiro passe.

Agora, tudo que nos resta saber é se os bons números superam os maus números.

Assim, se "nossa empresa" fosse um indivíduo, o **patrimônio líquido** seria igual a ativos menos passivos.

Patrimônio líquido = total de ativos – total de passivos

BALANÇO PATRIMONIAL – PATRIMÔNIO DOS ACIONISTAS – 30/12/2005
(EM MILHÕES DE R$)

Ativos	11.668
Passivos	3.575
Patrimônio Líquido	8.093

70 Coleção EXPO MONEY A bolsa para mulheres

O patrimônio líquido de uma empresa é representado como o patrimônio dos acionistas. A boa notícia em "nossa empresa" é que os acionistas possuem mais de R$8 bilhões em ativos reais. Esse número aparece no Balanço Patrimonial como:

Capital Social (Ações Ordinárias)	1.722
Lucros Retidos	6.371
Patrimônio Líquido	8.093

É possível pensar nos **lucros retidos** como uma poupança que eventualmente pode ser distribuída entre os acionistas, exceto em empresas de crescimento, como é o caso de "nossa empresa", onde opta-se por não distribuir os lucros em determinado momento do ciclo de vida. Em "nossa empresa", todos os lucros não-distribuídos voltam para os cofres, a fim de estimular o crescimento contínuo. Enquanto essa estratégia pode gerar um baixo *dividend yield* no curto prazo, apresenta algumas vantagens de longo prazo.

$$Dividend\ yield = \frac{dividendo\ por\ ação}{preço\ por\ ação}$$

O que isso quer dizer para você como investidora de "nossa empresa"? Primeiro, você tem de acreditar que a "nossa empresa" pode gerar mais lucros do que você, caso recebesse seus dividendos e os investisse. Você pode decidir se seu dinheiro gera mais lucro nos cofres de "nossa empresa" ou em nossa conta de investimentos.

Um aviso final: embora os acionistas de "nossa empresa" possuam mais de R$8 bilhões em ativos, eles também estão expostos a um risco máximo em termos de lucros futuros da empresa.

GLOSSÁRIO

Ações ordinárias Ações em posse dos acionistas controladores da empresa.

Lucros retidos Total de lucros não-distribuídos como dividendos.

Pesando os bons números contras os maus

Você já está apta a examinar os dois relatórios mais importantes de uma empresa: o Demonstrativo de Resultados e o Balanço Patrimonial. Agora, vamos desvendar a verdade, pesando os bons números contras os maus, para decidir se a ação da empresa em questão é uma boa opção para a nossa carteira de investimentos.

Os analistas têm nas mangas fórmulas de vários índices a serem calculados toda vez que os balanços são divulgados. Eles calculam vários deles, mas vou apresentar somente os que usamos nas reuniões do clube.

Mais uma vez, a matemática usada aqui é muito simples: adição, subtração e divisão.

Liquidez corrente

No caso de "nossa empresa", se dividirmos 5.397 por 2.412, teremos 2,2375. Um índice de 2 ou mais é considerado por muitos analistas indicativo de saúde financeira, então a "nossa empresa" mais uma vez passa com honras.

$$\text{Liquidez corrente} = \frac{\text{ativos de curto prazo}}{\text{passivos de curto prazo}}$$

Liquidez seca

No caso de "nossa empresa", a conta 5.397 menos 1.336, divididos por 2.412, é igual a 1,6837. Os analistas procuram por um índice de 1,5 ou mais como bom indicativo, para se certificar de que os estoques não mascaram a maior parte dos ativos de curto prazo. Um estoque alto pode indicar que a empresa está tendo dificuldade para vender seus produtos.

$$\text{Liquidez seca} = \frac{(\text{ativos de curto prazo} - \text{estoques})}{\text{passivos de curto prazo}}$$

Grau de endividamento

Também conhecido com índice de alavancagem financeira . Dividindo 1.163 por 8.903, chegamos a um grau de endividamento da empresa de 13,06%.

$$\text{Grau de endividamento} = \frac{\text{passivos de longo prazo}}{\text{patrimônio líquido}}$$

Rentabilidade do patrimônio líquido

No caso de "nossa empresa", simplesmente divida 2.378 por 8.093. Obtenha 29,38%. Isso significa que "nossa empresa" está lucrando aproximadamente R$0,30 em cada real do patrimônio dos acionistas. Outro termo para o patrimônio dos acionistas é *book value*.

$$\text{Rentabilidade do patrimônio líquido} = \frac{\text{lucro líquido}}{\text{patrimônio líquido}}$$

Qual é a dica do dia? Nada melhor do que fazer sua lição de casa e conduzir a própria e independente análise sobre uma empresa e seus relatórios financeiros. A "dica quente" sempre parece uma mina de ouro até que você analise as margens e os índices que acabamos de discutir.

A verdadeira investidora inteligente assume total responsabilidade por analisar cuidadosamente cada empresa em que planeja investir.

Você sabia que pode simplesmente pegar o telefone e ligar para o Departamento de Relação com os Investidores de qualquer empresa de capital aberto? Eles estarão prontos para responder às suas perguntas.

GLOSSÁRIO

Alavancagem financeira Tamanho da dívida de uma empresa. Quanto maior o percentual da dívida, maior será sua alavancagem financeira.

Depois de analisar o balanço patrimonial e o demonstrativo de re-sultados, determinamos o patrimônio líquido e os lucros ou prejuízos anuais. O termo **valor de mercado** leva em consideração o que o mercado, em geral, espera do futuro da empresa, do futuro do setor e, como um todo, do futuro da economia. Tão complicada como pode parecer à primeira vista, a fórmula para calcular o valor de mercado é tão simples quanto as outras equações que já aprendemos.

Valor de mercado = quantidade de ações × cotação da ação

Voltando ao final de 2005, o patrimônio dos acionistas era 8.093. O **valor de mercado** é o dinheiro necessário para comprar todas as ações da empresa. Uma vez que a quantidade de ações de "nossa empresa" no final de 2005 era 545.000.000, tudo que temos de fazer agora é multiplicar esse número por R$37,38, a cotação de uma ação no final do mesmo ano, chegando ao valor de mercado de R$20.372 milhões.

A partir daí, os analistas extrapolam mais alguns índices, e cada qual se baseia no valor de mercado.

Índice preço/lucro (P/L)

A primeira coisa a fazer é achar o lucro por ação, que em "nossa em-presa" é R$2.378 milhões dividido por 545.000.000, igual a R$4,36 por ação. Agora, dividindo a cotação da ação no final de 2005 de R$37,38 por R$4,36, chegamos a 9. O índice preço/lucro é arredon-dado para o maior número inteiro. Para analisar esse número, sugiro que você tenha em mãos a média do setor. Ela indica o número ne-cessário de anos para o retorno do capital investido na empresa. Nes-se exemplo, ao final de 2005, aplicando numa ação de R$37,38 de "nossa empresa", só nove anos depois teríamos o retorno do capital.

Embora seja um índice muito utilizado pelos analistas, eu, parti-cularmente, não obtenho muitas informações desse número, a não ser para comparar com outras empresas semelhantes ou do mesmo setor. Isso porque investir em ações de uma empresa é diferente de investir num negócio próprio, em que o dinheiro é imobilizado em ativos permanentes, como instalações e equipamentos. O capital investido em ações tem liquidez muito maior.

$$P/L = \frac{\text{cotação da ação}}{(\text{lucro líquido/quantidade de ações})}$$

Preço/VPA (Preço sobre valor patrimonial ou *price-to-book ratio*)

Não esqueça que **book value** refere-se ao patrimônio dos acionistas, que, nesse caso, é R$8.093 milhões. Dividindo pela quantidade de ações, 545.000.000, chegamos ao valor de R$14,85 por ação. O índice preço/VPA é 2,52, resultado de R$37,38 divididos por R$14,85.

$$\text{Preço/VPA} = \frac{\text{cotação da ação}}{(\text{patrimônio líquido/quantidade de ações})}$$

As empresas de cada setor são diferentes entre si, já falamos sobre isso. Fique de olho quando esse índice estiver muito acima de 3.

Outra dica: um índice P/L deve ser igual ou menor à taxa de crescimento de uma empresa. Numa empresa que cresce 15% ao ano, um P/L adequado não estaria abaixo de 15. No caso de "nossa empresa", cuja taxa de crescimento dos lucros era 55,93% e o P/L de 9, aplicando a Teoria de Lynch,[1] seria um indicador de que a ação é candidata à compra.

Medida de risco

A sensibilidade de uma ação ou carteira de ações ao mercado é medida pelo beta. O beta do mercado é um. Se o mercado tem alta de

---

[1] Peter Lynch é o legendário administrador do Fundo Fidelity Magellan.

GLOSSÁRIO

Beta Mede a variação do uma ação ou carteira com relação ao mercado.

2%, uma ação com beta igual a 1,5 vai subir 3%, enquanto uma ação com beta 0,5 vai subir apenas 1%.

Uma ação ou carteira com beta alto tem maior risco do que uma com beta baixo.

O beta da carteira é uma média ponderada dos betas de ações individuais.

Você não precisa calcular o beta das ações, pois eles estão disponíveis nos sites e nos relatórios das corretoras.

Outra dimensão do risco é a incerteza do retorno medido pelo `desvio-padrão`, também conhecida como volatilidade.

A maioria dos investidores que procura um retorno de longo prazo de, por exemplo, 10% ao ano, prefere que essa taxa fique em torno de 10% ao ano. Se a taxa for de −20% em um ano e 40% em um ano, também vai gerar o mesmo resultado, mas com mais risco. A menor volatilidade é preferida sempre.

É preciso entender e aceitar os riscos do mercado; caso contrário, é melhor continuar fora dele.

Você já chegou até aqui? Então merece meus parabéns! Damos como encerrada a seção mais "teórica" do livro, principalmente para quem não gosta de matemática!

Preocupada com minha aposentadoria, vinha pesquisando sobre investimentos. Lia jornais e revistas de economia e, numa dessas publicações, vi a indicação do livro Mulher Inteligente Valoriza o Dinheiro *e decidi comprar. Achei interessante a abordagem de como podemos economizar nos gastos diários e foi a primeira vez que ouvi falar de clube de investimentos.*

Nessa mesma época, li num jornal sobre a Expo Money, um seminário sobre investimentos, abordando principalmente a Bolsa de Valores.

GLOSSÁRIO

Desvio-padrão Medida estatística de risco.

Lá, tive a oportunidade de assistir a uma palestra e falar com a Sandra. Ela me convidou para ir a uma reunião do Clube de Investimento.

O clube tinha oito meses de existência. Assisti a uma reunião, que era bem informal. A maioria das participantes não tinha conhecimento profundo de mercado de ações, mas traziam informações de várias fontes para avaliar e discutir. Tudo muito democrático e divertido. Havia momentos em que era tanta mulher falando que eu me perdia, sem saber em que ou quem focar.

Fui incentivada a ler. Deram-me algumas referências e me inscrevi no clube. Lá se vão dezenove meses. Aprendi muito. Tenho bons retornos no clube e já tenho minha própria carteira. Simpatizo muito com as companhias Gerdau e Alpargatas, pois são empresas de grande perspectiva futura, e, historicamente, têm boa política social com seus funcionários. Mantemos a política de avaliar os fundamentos da empresa, pesquisamos opiniões de vários analistas financeiros e vamos a reuniões de empresas para conhecê-las melhor. Realizamos pequenos seminários em que uma participante apresenta uma empresa de nosso portfólio ou de uma possível candidata, eventos nos quais aprendemos um pouco mais sobre a empresa.

Falo com amigas sobre o clube, mas muitas têm medo do mercado financeiro. Os locais de reunião variam, o que cria um ambiente divertido. Freqüentemente, depois dos encontros, saímos para um bate-papo em que se fala de tudo. Tão importante quanto o ganho financeiro que venho tendo é o círculo de amizades criado. Estou feliz por participar do grupo não só pelo retorno financeiro, mas também pelas amizades que fiz.

VERA, 46 anos, médica cardiologista

4. Governança corporativa

A adoção de práticas de governança corporativa estabelece um relacionamento mais estreito entre acionistas, cotistas, conselho de administração, diretoria, conselho fiscal e auditoria independente.

Investindo em ações: Teoria **Coleção EXPO MONEY 77**

A execução de boas práticas de governança corporativa proporciona aos acionistas ou cotistas a gestão estratégica de sua empresa e a efetiva monitoração da direção executiva. Basicamente, são práticas que exigem mais transparência das informações financeiras divulgadas e facilitam o acesso ao capital.

As empresas que adotam práticas de governança corporativa estão listadas em três níveis da Bovespa:

1. NOVO MERCADO. Reúne empresas que se comprometem, voluntariamente, a adotar práticas de governança corporativa mais rígidas do que as exigidas pela legislação brasileira. A premissa básica do Novo Mercado é que a valorização e a liquidez das ações são influenciadas positivamente pelo grau de segurança assegurado aos acionistas, que contam com informações transparentes divulgadas pelas empresas.

Seguem as exigências do Novo Mercado:

- ☐ Capital social da empresa composto somente por ações ordinárias.
- ☐ Realização de ofertas públicas de ações por meio de mecanismos que favoreçam a dispersão do capital.
- ☐ Manutenção de, no mínimo, 25% do capital em circulação na forma de ações (*free-float*).
- ☐ Extensão a todos os acionistas das mesmas condições obtidas pelos controladores quando da venda do controle da companhia, *tag along* de 100%.
- ☐ Conselho de Administração com mínimo de cinco membros e mandato unificado de um ano.

GLOSSÁRIO

Tag Along Expressão que ficou popular após a promulgação das mudanças na antiga Lei das Sociedades por Ações, a Nova Lei das S/As, que incluiu, entre outros, o artigo 254-A, assegurando a todos os acionistas de papéis ordinários o pagamento de, no mínimo, 80% do valor pago aos controladores, pelo bloco de controle. O *tag along* é, justamente, essa proporção do valor pago ao grupo controlador, que é pago aos minoritários.

- [ ] Divulgação de balanço anual seguindo as normas internacionais (US GAAP ou IAS).
- [ ] Adoção de melhorias nas informações trimestrais.
- [ ] Obrigatoriedade de realização de uma oferta de compra de todas as ações em circulação, pelo valor econômico, no caso de fechamento de capital ou cancelamento do registro de negociação no Novo Mercado.
- [ ] Informar negociações envolvendo ativos e derivativos de emissão da companhia por parte de acionistas controladores ou administradores da empresa.

Weg, Perdigão, Natura, Grendene, Submarino, entre outras, são empresas do novo mercado.

- [ ] Apresentação das demonstrações de fluxo de caixa.
- [ ] Adesão à câmara de arbitragem do mercado para a resolução de conflitos societários.

2. NÍVEL 1. A empresa listada no Nível 1 de governança corporativa se compromete, principalmente, a melhorar as informações prestadas ao mercado e a dispersão acionária. Os compromissos assumidos pela companhia e por seus controladores são formalizados em contrato firmado com a Bovespa.

Práticas do Nível 1:

- [ ] Manutenção de, no mínimo, 25% do capital em circulação na forma de ações (*free-float*).
- [ ] Realização de ofertas públicas de ações por meio de mecanismos que favoreçam a dispersão do capital.
- [ ] Adoção de melhorias nas informações trimestrais.
- [ ] Informar negociações envolvendo ativos e derivativos de emissão da companhia por parte de acionistas controladores ou administradores da empresa.
- [ ] Divulgação de acordos de acionistas e programas de *stock options*.

□ Disponibilização de um calendário anual de eventos corporativos.

□ Apresentação das demonstrações do fluxo de caixa.

Bradesco, Itaú, Cemig, Vale, Gerdau, Sadia e Alpargatas, entre outras, são exemplos de empresas com Nível 1 de governança corporativa.

3. NÍVEL 2. Além de cumprir as normas do Nível 1, a companhia listada no Nível 2 assume o compromisso de seguir regras mais amplas de governança corporativa, garantindo direitos adicionais aos acionistas minoritários. Os compromissos assumidos pela empresa e por seus controladores são firmados em contrato com a Bovespa: Práticas do Nível 2:

□ Conselho de administração com mínimo de cinco membros e mandato unificado de um ano.

□ Divulgação de balanço anual seguindo as normas internacionais (US GAAP ou IAS).

□ Extensão a todos os acionistas das mesmas condições obtidas pelos controladores quando da venda do controle da companhia e de, no mínimo, 70% desse valor para os detentores de ações preferenciais.

□ Direito de voto às ações preferenciais em algumas matérias, como transformação, incorporação, cisão e fusão da companhia e aprovação de contratos entre a companhia e empresas do mesmo grupo.

□ Obrigatoriedade de realização de uma oferta de compra de todas as ações em circulação, pelo valor econômico, nas hipóteses de fechamento do capital ou cancelamento do registro de negociação no Nível 2.

□ Adesão à câmara de arbitragem para a resolução de conflitos societários.

São exemplos de empresas com Nível 2 de governança corporativa: América Latina Logística, Celesc e Gol.

Identifico-me com empresas que tenham uma história de solidez e transparência, com bons e consistentes indicadores econômico-financeiros, e que adotam práticas de governança corporativa.

Fiz poucas indicações, talvez devido ao perfil das amigas mais chegadas, mulheres de uma geração que, em geral, não estão interessadas no assunto ou que preferem que os maridos decidam.

Fiz novas relações. Abri mais um campo de interesses. Participo dos encontros do Clube, nos quais, além de aprendermos e trocarmos experiências, também nos divertimos. Durante as reuniões fazemos nossos estudos e análises, avaliamos os resultados e tomamos decisões.

Depois da "parte séria", quando possível, vamos a um bar ou restaurante próximo, para um bom bate-papo, momento em que falamos de nossas vidas. Todo ano, festeja-se o aniversário do Clube e seu sucesso. Comemoramos o Natal, o Dia Internacional da Mulher, o Dia das Mães, e por aí vai. Penso que dá para imaginar o encontro de um grupo heterogêneo de mulheres, em que se fala muito e de tudo um pouco, numa sintonia que somente nós, mulheres, entendemos. Sim, o grupo é bastante heterogêneo, o que é muito enriquecedor, mas unido pelo interesse comum de poupar, investir e ganhar dinheiro.

Antes de mais nada, venha conhecer! Junte-se a um clube de investimentos, onde é possível entrar em contato direto com quem o administra e com os demais cotistas. Participando dos encontros, aprende-se a conhecer o mercado de ações, a entender seu funcionamento e seus mecanismos. Aprende-se a compreender análises e recomendações de especialistas e a analisar empresas e o mercado como um todo. Como o Clube permite o investimento de pequenas quantias, mensalmente, a cotista que, de início, se sente insegura, à medida que passa a adquirir conhecimentos e experiência, adquire confiança. Lembre-se, sempre, de que se trata de investimos a longo prazo, em uma carteira diversificada de ações, de empresas criteriosamente escolhidas, como Natura e Alpargatas.

> *Embora a Gol nunca tenha feito parte de nossa carteira, admiro a concepção dessa empresa: inteiramente nova, notadamente tratando-se de Brasil, com uma moderna e eficiente estrutura de custos, capacidade administrativa, qualidade dos serviços, modernidade etc.*
>
> *Lembro-me de que, quando suas operações tiveram início, eu preferia voar Galeão/Congonhas a pagar as tarifas abusivas das outras empresas. A passagem, na época, era tão barata que dava para pagar passagem, táxis e ainda sobrava dinheiro. Quase não havia passageiros, eu era uma das poucas, ainda mais nos horários que costumava ir. Os aviões decolavam pontualmente. Os passageiros não tinham o status das outras; eram pessoas simples. Não é uma empresa na qual eu investiria, pois considero o setor muito atribulado, difícil e de muitas incertezas.*
>
> **LUCY, 68 anos, divorciada, economista e aposentada.**
> **A outra amiga convidada a se associar**

5. Analisando as recomendações

O primeiro relatório de recomendações que aprendemos a analisar foi o Mapa de Recomendações da Fator. Recebemos esse relatório todas as segundas-feiras, e a maioria das cotistas já extrai a informação que procura com facilidade. Para complementar, elas ainda analisam relatórios de outros bancos ou corretoras como Itaú, Bradesco, Safra e Ágora.

As informações disponíveis nos relatórios de recomendação são geradas com base em uma análise fundamentalista.

Como analisar um relatório de recomendações?

1. Se você já tem uma empresa em mente, procure por ela no respectivo setor. É preciso saber o nome e o tipo de ação (ação ordinária ou preferencial) ou o código da negociação .

   Em nossas reuniões do clube, sempre decidimos como vamos investir o dinheiro que está em caixa. Vamos direto observar como estão as recomendações das ações de nossa carteira. Uma recomendação de manutenção nos alerta no sentido de não tomarmos nenhuma atitude no momento com relação àquela ação. Para as recomendações de compra, observamos o potencial de valorização da ação. Queremos aquelas que tenham o maior potencial.

2. Mas, quando estamos analisando o relatório de recomendações porque estamos cogitando investir em uma nova ação, a análise é diferente. Se você ainda não tem uma empresa em mente, se está começando a análise a partir do zero, procure as empresas com recomendação de compra. Nem é preciso dizer que se a recomendação for de venda, fique fora. Identificadas as ações para compra, é hora de fazer a lição de casa, fazer uma análise nos números e índices:

GLOSSÁRIO

Ação ordinária   Ação que dá direito a voto nas assembléias deliberativas aos acionistas que as possuem. A abreviação ON designa as ações ordinárias nominativas.

Ação preferencial   Ação de dá preferência na distribuição de resultados ou no reembolso do capital em caso de liquidação da companhia aos acionistas que as possuem. Empresas registradas no Novo Mercado não estão autorizadas a emitir ações preferenciais. A abreviação PN designa as ações preferenciais nominativas. PNA, PNB ou PNC são também ações preferenciais que apresentam características distintas das preferenciais comuns. Essas características são definidas pelo estatuto.

Código da negociação   O Código da ação usado para identificar uma ação nas Bolsas, na televisão ou nos jornais. O padrão é um conjunto formado por quatro letras e um ou mais algarismos, conforme o tipo de ação (ON = 3; PN = 4; PNA = 5; PNB = 6; Units = 11). Exemplos: PETR3, ALPA4, VALE5, CLSC6, ALLL11.

Potencial de valorização   Diferença percentual entre a cotação atual ou corrente da ação e seu **preço justo** .

Preço justo   Também conhecido como preço-alvo. É calculado com base no fluxo de caixa futuro da empresa e na taxa de custo de oportunidade da empresa. Nem é preciso dizer que cada relatório de recomendação tem um preço justo diferente para cada empresa.

Investindo em ações: Teoria   Coleção **EXPO MONEY**   **83**

- [ ] Taxas de crescimento das vendas e dos lucros: tanto as trimestrais quanto os anuais e, quanto maior, melhor.
- [ ] P/L: de preferência abaixo da taxa de crescimento.
- [ ] Preço/VPA: o mais baixo possível.
- [ ] Endividamento: o menor possível.
- [ ] Margens: as mais altas possíveis.
- [ ] *Dividend yield*: quanto mais alto, melhor.
- [ ] Liquidez corrente: mais de 2.
- [ ] Liquidez seca: mais de 1,5.

Uma vez avaliados os números individualmente e por meio de comparações, suponha que possamos atribuir uma avaliação ótima à empresa por causa de um índice, uma avaliação razoável em relação à taxa de crescimento e uma avaliação deficiente por conta do endividamento. Afinal, qual será a avaliação geral da empresa? Depende da importância de cada avaliação, ou seja, do peso que se atribui a cada uma delas. A atribuição de pesos adquire contornos altamente científicos, porém não deixa de ser algo absolutamente intuitivo. Quando um analista chega a uma conclusão, terá atribuído algum peso aos índices encontrados, mesmo que igual para todos e ainda que o faça inconscientemente. E não podia ser diferente, pois nós fazemos o mesmo.

EXEMPLO DE RELATÓRIO DE RECOMENDAÇÃO:

PORTFÓLIO RECOMENDADO – LARGE CAPS – PARA MARÇO DE 2007

	Código	Cotação 28/2/2007 (R$)	Cotação 28/3/2007 (R$)	Var (%)	Peso recomendado (%) Ibov(1)	IBX-50(2)	Preço alvo Dez/07 (R$)	Potencial valoriz. (%)	Valor Mercado (R$m)	P/L (x) 2006P	2007P	Valor Empresa (R$m)	VE/LAJIDA (x) 2006P	2007P
Petrobras PN	PETR4	42,88	41,06	-4,24	20	28	67,45	64,3	180.132	6,7	6,7	198.908	3,7	3,6
Itaúsa PN	ITSA4	11,39	10,73	-5,79	16	26	15,38	43,3	34.228	8,2	5,2	34.228	–	–
Telemar–Tele NL Par ON	TNLP3	54,50	56,60	3,85	8	4	98,33	73,7	22.178	19,8	15,5	27.735	4,5	4,3
CPFL Energia ON	CPFE3	28,25	28,20	-0,18	9	5	39,00	38,3	13.529	10,0	8,7	17.945	6,6	5,6
Ambev PN	AMBV4	1.030,00	1.030,00	0,00	7	7	1.211,48	17,6	66.392	30,6	28,2	74.193	10,3	9,0
Net PN	NETC4	27,00	25,50	-5,56	7	4	30,17	18,3	6.834	35,8	25,3	7.212	14,1	11,9
Gerdau PN	GGBR4	36,21	34,23	-5,47	8	4	ER	–	22.852	ER	ER	25.951	ER	ER
ALL America Latina UNT N2	ALL11	24,35	23,50	-3,49	5	5	29,00	23,4	10.851	259,2	68,5	13.446	21,1	15,9
Votorantim C P PN	VCP4	38,49	36,50	-5,17	4	4	53,69	47,1	7.451	9,8	19,9	9.098	7,8	9,2
Vale do Rio Doce PNA	VALE5	62,46	59,20	-5,22	10	10	75,33	27,2	75.631	14,4	11,2	78.610	9,3	8,2
Telesp PN	TLPP4	51,82	50,75	-2,06	6	3	77,85	53,4	25.692	9,1	8,7	26.954	3,9	3,9
					100	100								

(*) VALES – Valor Mercado e Valor empresa em $

Performance da carteria no mês (%)

(1) *Para carteiras com benchmark Ibovespa*   –3,34

(2) *Para carteiras com benchamark IBX-50*   –3,96

Fonte: Economática, estimativas Fator Corretora

Fonte: Mapa de Recomendação da Fator Corretora

O que vamos comprar nesse mês?

Conforme nosso critério de escolha: empresa boa pagadora de dividendos, com boas práticas de governança corporativa, índice Preço/VPA baixo, baixo endividamento, alta liquidez e com potencial de crescimento, não há muitas opções no momento. O que temos? Natura, Weg, Perdigão, Lojas Americanas, Gerdau, Bradesco, Usiminas, Embratel e Telemar, e, uma vez que todas deixam a desejar em algum dos critérios de seleção, peço que escolham uma dentre as candidatas ou tragam outras sugestões.

6. Análise técnica

A análise fundamentalista que vimos anteriormente nos ajuda a entender por que os preços das ações sobem ou descem. Por outro lado, a análise técnica, também conhecida como análise grafista, não faz o menor esforço para explicar por que o preço da ação se move dessa maneira. O foco de um analista grafista é o movimento em si, assumindo que freqüentemente a história se repete.

A análise técnica é uma ferramenta que podemos usar em conjunto com nossa estratégia de investimentos para aprimorar nossa tomada de decisão. A análise técnica pode reforçar nossa visão fundamentalista de uma ação ou do mercado como um todo.

Esse é o tema pelo qual as mulheres do clube mais demonstraram entusiasmo. Elas freqüentam palestras e até cogitaram em formar um grupo para fazer um curso específico e se aprofundar no assunto. Na verdade, o tópico é mesmo muito atraente e temos muito a aprender com nossos grandes analistas grafistas. Eu mesma já fiz o curso com o Didi, mas ainda deixo muito a desejar quando o assunto é análise técnica.

Fico até acanhada de fazer uma introdução neste livro, mas, como me propus a colocar nele todas as experiências do Clube Mulherinvest, e como a pauta de análise técnica rendeu muito ibope, vou dar uma pincelada no assunto, assim como vimos em nossos encontros. Se você se interessar também, vá em frente: há bons livros e bons cursos que podem inserir você no mundo dos gráficos.

As principais hipóteses da análise técnica são:

a. Os preços de fechamento refletem o julgamento comum e as emoções dos participantes do mercado.

b. O mercado acionário apresenta três tendências distintas:

☐ **Tendência principal:** também conhecida como tendência primária, em geral dura mais de um ano e, freqüentemente, muitos anos. Por exemplo, uma tendência principal de alta começou em 2003 e uma tendência principal de baixa começou em 2000 e se estendeu até 2002.

☐ **Tendência secundária:** o mercado também tem fases de correção, que normalmente duram de três semanas a alguns meses. Os preços podem flutuar bastante, embora a tendência primária de longo prazo seja mantida.

☐ **Fase de correção:** esses períodos duram entre algumas horas e duas semanas.

c. As tendências principais são, em geral, caracterizadas por três fases:

☐ **Acumulação:** os níveis de preços estão relativamente baixos e os investidores informados tendem a comprar ações.

☐ **Confirmação:** mais compradores entram no mercado e os preços começam a mover rapidamente. Em algum ponto, em geral depois de o mercado acionário estar se valorizando por dois anos ou mais, ações de baixa qualidade começam a valorizar-se, juntamente com as ações de mais qualidade.

☐ **Realização:** preços estão extremamente altos e investidores sofisticados começam a desfazer suas posições.

d. O volume de ações que mudam de mãos no mercado num dado período é fator-chave para a confirmação de uma tendência. Você quer ver ações valorizando e volumes maiores ou se desvalorizando em volumes menores?

e. As tendências se mantêm, até ocorrer uma reversão. Prever uma reversão é muito difícil e extraordinariamente lucrativo.

Não se esqueça de que uma tendência é sua "amiga". Em outras palavras, não tente contrariá-la. É muito mais inteligente seguir o fluxo.

Usando os gráficos para ilustrar o mercado

São três os tipos principais de gráficos: barras, *candlesticks* e ponto-e-figura. Analisar somente o gráfico de barras já atende à proposta deste livro.

Cada barra vertical no gráfico representa a variação da cotação para determinado período, como os preços de abertura e fechamento, mínimos e máximos, conforme se vê no diagrama a seguir:

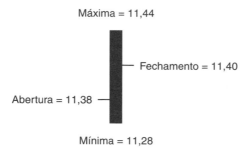

Nesse exemplo, a variação é a mais normal possível. Na verdade, o que esperamos da variação de uma ação num determinado período: que a abertura seja menor do que o fechamento. Mas isso não é a regra, pois a variação pode ser negativa e o preço de fechamento pode ser menor do que o de abertura. Também os preços podem coincidir, como, por exemplo, a abertura ser igual à mínima ou à máxima e assim por diante. Há várias possibilidades.

O mercado de ações é um intrigante quebra-cabeça, embora não seja um jogo. Dois dias de pregão nunca serão iguais.

O preço de todas as ações varia diariamente. Umas mais, outras menos. Por isso, é importante conhecer o histórico de flutuação da ação em que você vai investir.

A análise técnica ajuda você a visualizar esse histórico de movimentos e determinar se a variação é adequada a seu perfil e a seus objetivos.

Há aplicativos que só mostram o preço de fechamento de uma ação; então, se você encontrar um gráfico com apenas uma pequena linha lateral, ela representa o preço de fechamento.

No nosso caso, já que não operamos diariamente, ao analisar determinada ação ou o mercado, temos três opções de gráfico com relação a tempo:

Gráfico de barras diário: ilustra normalmente seis meses de movimento.

Gráfico de médio prazo: normalmente cobre um período de dois anos, com os movimentos semanais. Preços máximo, mínimo, abertura e fechamento são indicados para cada semana.

Gráfico de longo prazo: apresenta cinco ou mais anos de movimento e com preços máximo, mínimo, abertura e fechamento mensais.

Para o tipo de investidora que somos e para os nossos objetivos, o gráfico de longo prazo é o mais apropriado. Com o avanço da tecnologia, o acesso a esses gráficos se tornou mais fácil. Há vários sites na Internet que disponibilizam esses gráficos, algumas corretoras e bancos também já fornecem, inclusive com a análise já pronta. Você não precisa ser especialista em análise gráfica, mas tem de compreender o que está na análise, por isso, precisa desse conhecimento básico.

Linhas de tendência

Há três tipos principais de movimentos nos gráficos:

Tendência de alta: quando é possível observar um padrão ascendente de altas e baixas. A linha de tendência de alta é obtida unindo os dois pontos mais baixos da série.

Tendência de baixa: quando é possível observar um padrão descendente de altas e baixas. A linha de tendência de baixa é obtida unindo os dois pontos mais altos da série.

Neutro: quando as altas e baixas permanecem mais ou menos constantes, dizemos que estão "de lado".

Para estudar o movimento de um preço, o analista técnico observa essas tendências. Uma tendência de alta é confirmada quando o movimento se mantém acima da linha traçada. Uma linha rompida é um sinal de alerta de reversão.

Observe, no quadro a seguir, as linhas de tendência: de alta e de baixa.

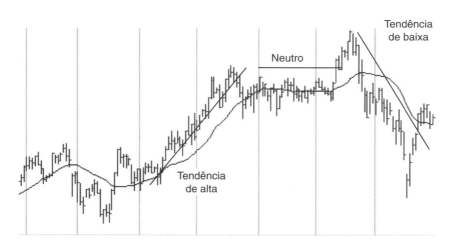

GLOSSÁRIO
Reversão Mudança de tendência.

Suporte e resistência

Outra técnica utilizada pelos analistas grafistas são as linhas de suporte e resistência.

> **Suporte:** para indicar o nível em que os preços em queda encontram apoio nos compradores e voltam a subir. Este fenômeno é uma reação ao preço baixo; ocorre quando a pressão dos investidores interessados em comprar uma ação supera a pressão dos vendedores.

> **Resistência:** é o nível no qual a aceleração dos preços encontra oposição nos vendedores e os preços voltam a cair. Este fenômeno é uma reação ao preço alto; ocorre quando o desejo de vender é maior do que o entusiasmo dos compradores.

É interessante observar que um suporte ou uma resistência, depois de rompidos, trocam de papéis. Um suporte rompido se torna uma resistência, e uma resistência rompida se torna um suporte. Veja o gráfico a seguir.

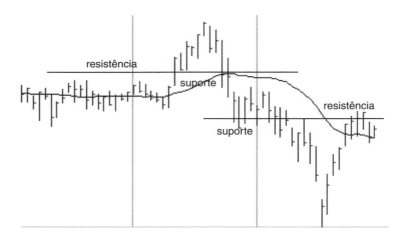

Médias móveis

As médias móveis também ajudam os analistas grafistas a decifrar os movimentos dos preços das ações. Esses números representam os preços de fechamento registrados num período específico. Por exemplo, para se obter uma média móvel de um período de cinco dias, divide-se a soma dos preços de fechamento de cinco dias consecutivos por cinco. Veja no quadro a seguir que a primeira média móvel calculada foi de 3,2330. Para se calcular a próxima, descarta-se o último dia utilizado no cálculo anterior, que, nesse caso, foi 10/05, e inclui-se o próximo dia da série, que é 17/05, calculando outra média e assim por diante. Dessa forma, você obtém uma série de médias móveis. É fácil calculá-las utilizando uma planilha, desde que você tenha a seqüência dos preços. No entanto, você não precisa fazer isso, pois a maioria dos gráficos disponíveis para análise já traz a linha das médias móveis.

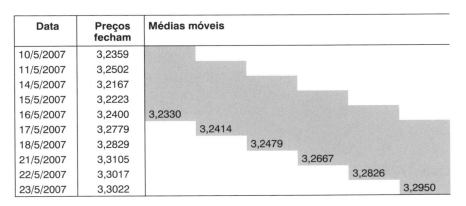

Resumidamente, a média móvel é a representação matemática de uma tendência. Uma ação com preço ascendente sempre encontra suporte na média móvel, enquanto um preço em declínio encontra resistência na média móvel. Em ambos os eventos, a violação da média móvel indica que uma mudança na tendência pode estar começando. Uma média móvel crescente representa a força no preço, enquanto uma decrescente indica fraqueza.

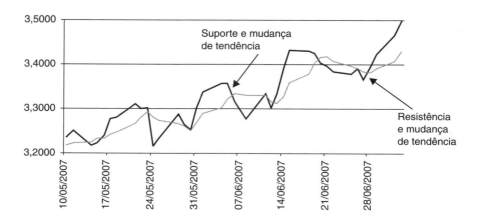

IMPORTANTE: Só para ilustrar e facilitar a compreensão, utilizei uma média móvel de cinco dias. Em geral, os gráficos apresentam médias móveis de 20, 30, 60, 90 dias ou mais.

Tornar-se uma analista técnica pode ser uma nova profissão. Mas o que você aprendeu até aqui não basta. No entanto, essa informação pode ser usada como mais uma ferramenta quando você estiver escolhendo as ações nas quais quer aplicar seu dinheiro. O que apresentei aqui foi exatamente o que estudamos nas reuniões do clube e que agora incorporamos às nossas análises de seleção ou de venda.

Convivendo com os altos e baixos

A **mania das tulipas** é somente uma ilustração de que a psicologia dos investidores nunca deveria ser ignorada ou superestimada, principalmente nos dias de hoje, com a proliferação da cobertura sobre as Bolsas pela mídia. Isso tornou os investidores mais suscetíveis do que nunca às manias ou aos pânicos prevalentes num dado momento.

Como uma investidora iniciante pode conviver com essas oscilações de preço? Minha sugestão é que você dê ouvidos somente a quem põe a mão na massa, quem vive a experiência de investimento no dia-a-dia.

MANIA DAS TULIPAS

A tulipa, introduzida na Europa na metade do século XVI pelo Império Otomano, experimentou um forte crescimento de popularidade na República das Sete Províncias Unidas dos Países Baixos (hoje Países Baixos ou Holanda), impulsionada pela competição entre membros das altas classes pela posse de tulipas mais raras. A competição aumentou até que os preços atingiram níveis muito altos.

Em 1623, tulipas eram trocadas por terras, animais valiosos e casas.

Em 1636, tulipas eram vendidas nas Bolsas de Valores de numerosas cidades holandesas. Esse comércio de tulipas foi encorajado por todos os membros da sociedade, com muitas pessoas vendendo ou negociando suas posses, no intuito de especular nesse mercado.

Em fevereiro de 1637, os negociantes de tulipas não conseguiam mais inflacionar os preços de seus bulbos, então começaram a vender. A Bolsa de Valores estourou. Conseqüentemente, milhares de holandeses, incluindo executivos e membros da alta sociedade, ruíram financeiramente.

Charles Mackay, em seu livro *Memorando de Extraordinários Engodos Populares e a Loucura das Multidões*, conta uma história da época: *"Um rico mercador havia pago 3.000 florins (280 libras esterlinas) por uma rara tulipa Semper Augustus, e esta desapareceu de seu depósito. Depois de vasculhar todo o depósito, ele viu um marinheiro (que havia confundido o bulbo da tulipa com uma cebola) comendo a tulipa. O marinheiro foi prontamente preso e passou seis meses na prisão."*

http://pt.wikipedia.org/wiki/Mania_das_tulipas

Indicador de sentimento

Um ramo inteiro da análise técnica se baseia na informação recebida dos indicadores de sentimentos que constantemente monitoram o pulso e a psicologia dos investidores. Especialistas no assunto que utilizam tais indicadores operam com a premissa geral de que a vasta maioria dos investidores se torna otimista quando os mercados atingem novas altas e se tornam pessimistas quando o mercado começa a enfraquecer.

Um especialista pode tomar decisões com base somente em análise técnica, mas uma investidora deveria tomar decisões com base em quatro pilares:

1. Situação econômica do país e mundial
2. Setor no contexto da situação econômica
3. Fundamentos da empresa
4. Se a análise técnica é consistente com a decisão de investimentos

A análise fundamentalista aponta **o porquê de comprar uma ação,** enquanto a análise técnica indica **quando comprar uma ação.** Agora que você já tem a base das duas escolas de pensamentos, pode fazer boas escolhas utilizando as recomendações dos analistas. Deixo aqui 20 questões que podem direcionar sua análise:

1. Como o ciclo de lucros da empresa se encaixa no ciclo econômico do país? Por exemplo, quando o governo está tentando estimular a economia, baixando a **taxa de juros**, é hora de investir em empresas ligadas à construção civil, automóveis, e outros bens duráveis.
2. Como a empresa em questão é comparada às outras do setor? Que tipo de fator de *goodwill* é vinculado à empresa?
3. Como é a concorrência no setor? A concorrência pode impactar os lucros futuros? Qual a importância dos produtos ou serviços produzidos? Que a barreiras impedem a entrada de novos concorrentes?

Investindo em ações: Teoria | Coleção **EXPO MONEY** **95**

4. Como é a administração da empresa? Qual o histórico do presidente e dos executivos?

5. Como a empresa trata seus funcionários? Oferece oportunidades iguais ou pratica discriminação de algum tipo? Lembre-se de que ações judiciais contra a empresa podem irreversivelmente prejudicar sua reputação, podendo levá-la à falência.

6. Essa ação em particular é uma ação de **valor** ou de **crescimento**?

7. A empresa tem **recomendação de compra** ou de **manutenção** pelos analistas?

8. Qual o **valor de mercado** da empresa?

9. Como foram as vendas das empresas nos últimos três a cinco anos? Qual a **taxa de crescimento das vendas**?

10. Quais os **P/Ls** dos últimos três a cinco anos? Qual o P/L projetado para o futuro?

11. Qual o **crescimento dos lucros** nos últimos três a cinco anos? Qual crescimento dos lucros é esperado para o futuro?

12. Quais as **margens bruta**, **operacional** e **líquida** da empresa? Como estão com relação à média do setor ou quando comparadas a outras empresas do mesmo setor?

13. Usando as informações do **Balanço Patrimonial**, os **índices de liquidez corrente** e a **liquidez seca** estão adequados?

14. Qual o **índice de endividamento** da empresa?

15. Qual o **preço/valor patrimonial**?

16. Qual o histórico de distribuição de dividendos ou *dividend yield*?

17. Na perspectiva da análise técnica, qual é a **tendência** atual do preço da ação: **de alta, de baixa, neutra**? Trace a linha de tendência.

18. Quais os níveis de **suporte** da ação? E os de **resistência**?

19. Qual a **média móvel** dos últimos 20, 30, 90 dias? E de 360 dias?

20. Como estão os volumes de operações com as ações? Crescendo ou estáveis?

96 Coleção **EXPO MONEY** A bolsa para mulheres

7. IPO

Traduzindo IPO (Initial Public Offer) ao pé da letra, temos Oferta Pública Inicial, e é isso mesmo o que significa. Os tão na moda IPOs são os lançamentos de empresas na Bolsa. As ofertas podem ser do tipo primário ou secundário.

Lançamentos bem-sucedidos de ações, entre o final do primeiro semestre e o início do segundo de 2004, fizeram os participantes do mercado acionário voltar a um tempo em que investidores disputavam avidamente as ofertas, na expectativa de obter bons resultados, às vezes no curtíssimo prazo. Foi o que ocorreu com as colocações de títulos da empresa de cosméticos Natura, da ferrovia América Latina Logística e da companhia aérea Gol. A demanda pelas ações superou muito a oferta.

O êxito das operações foi associado à melhora da economia brasileira, demonstrada pelos indicadores sobre o setor externo, emprego, renda e, sobretudo, produção industrial e comércio, que tornam as empresas atrativas para os acionistas e permitem a recuperação dos preços no mercado acionário.

Mais de 60 empresas abriram o capital entre 2004 e 2007. O número de investidores brasileiros em Bolsa subiu de 85 mil, em 2002, para 243 mil, em 2006. Mais estrangeiros também estão investindo em nossas empresas.

Esse movimento é muito bom, chama atenção dos que ainda não investem e oferece mais ferramentas para os que já investem sofisticarem suas estratégias.

A chegada de novas empresas mostra a disposição do mercado de pagar um prêmio pelas ações de empresas com um padrão me-

---

GLOSSÁRIO

Oferta primária Quando a empresa está emitindo novas ações no mercado. O preço das ações deve apresentar algum desconto ou deságio, para atrair investidores nos lançamentos primários de ações.

Oferta secundária Na oferta secundária, as ações apenas trocam de mãos, não há aporte de capital na empresa – o que só ocorre no mercado primário. Exemplos: Natura e Grendene.

ESTATÍSTICAS DE IPOS NA BOVESPA EM 2006

Empresa	Segmento de Listagem	Natureza da Oferta	Volume R$ milhões[1]	Nº de Corretoras[2]	Nº de Investidores[3]
Lopes Brasil	Novo Mercado	Secundária	475	59	9.930
Positivo Inf	Novo Mercado	Mista	604	61	18.814
Odontoprev	Novo Mercado	Mista	522	55	8.860
Ecodiesel	Novo Mercado	Primária	379	58	9.446
Terna Part	Nível 2	Mista	627	52	6.509
Profarma	Novo Mercado	Mista	401	53	4.609
Brascan Res	Novo Mercado	Mista	1.188	54	4.319
M.Diasbranco	Novo Mercado	Secundária	411	56	3.460
Santos Bras	Nível 2	Mista	933	54	4.209
Klabinsegall	Novo Mercado	Mista	527	53	4.720
Medial Saude	Novo Mercado	Mista	742	53	3.131
Abyara	Novo Mercado	Primária	164	41	6
MMX Miner	Novo Mercado	Primária	1.119	35	18
Datasul	Novo Mercado	Mista	317	52	5.514
GP Invest	BDR	Primária	706	49	2.373
Lupatech	Novo Mercado	Mista	453	55	11.453
BrasilAgro	Novo Mercado	Primária	583	35	3
CSU CardSyst	Novo Mercado	Mista	341	57	14.637
ABnote	Novo Mercado	Secundária	480	55	15.453
Equatorial	Nível 2	Mista	540	56	7.521
Totvs	Novo Mercado	Mista	460	57	16.322
Company	Novo Mercado	Mista	282	55	13.166
Gafisa	Novo Mercado	Mista	927	57	14.028
Copasa	Novo Mercado	Primária	813	55	13.166
Vivax	Nível 2	Mista	529	50	7.916

Fonte: Bovespa

1. Volume financeiro total da operação
2. Número de corretoras que participaram do consórcio de distribuição
3. Número de investidores participantes do varejo (pessoas físicas + clubes de investimento)

lhor de governança corporativa. Trata-se, portanto, de aumento da qualidade do mercado de capitais, em benefício das companhias abertas, que conseguem captar recursos a custos mais baixos. É evidente a importância conferida pelas empresas ao **Novo Mercado** da Bovespa. Hoje, as empresas competem no mercado não somente por vendas, market-share, clientes, fornecedores e talentos para trabalhar em seus quadros, mas também por fontes de recursos para a sua sobrevivência e crescimento. E essa competição é ganha pela empresa mais reconhecida, por meio da confiança do investidor.

Em 2004, até compramos algumas ações de IPO como Natura e Grendene e, mais recentemente, Usiminas. Mas quando não dispomos de informações suficientes para fazer uma análise adequada, é consenso do clube não participar de IPOs.

Cresci ouvindo histórias, em família, de pessoas que até venderam seu apartamento para aplicar na Bolsa de Valores e perderam tudo. Então, eu tinha comigo que jamais aplicaria na Bolsa ou jogaria em cassinos – dois traumas, dois riscos. Até que tomei conhecimento do clube de investimentos.

Ao mesmo tempo, meu genro, que trabalha em um banco de investimentos, também contava suas proezas nos investimentos de Bolsa.

Fui me inteirando do assunto e resolvi, há pouco mais de um ano, entrar para o clube dessas mulheres bem-sucedidas.

Na primeira reunião, tomei contato com alguns termos utilizados pelos "entendidos" no assunto. Ao chegar em casa, procurei estudar mais e, nos dias seguintes, fuçando a Internet, fui aprendendo aos pouquinhos.

GLOSSÁRIO

Market-share   Participação no mercado.

Investindo em ações: Teoria | Coleção **EXPO MONEY**

Passei a assinar o jornal Valor Econômico *e acompanhar mais de perto o mercado financeiro. Nas reuniões seguintes, já não estava tão por fora do contexto.*

Passados alguns meses, quando me senti mais segura para ler um mapa de recomendações e conversar com um corretor, aventurei-me na compra de ações de IPOs. Primeiro comprei ações da Natura, que estava muito recomendada, mas que decepcionou em termos de rentabilidade. Conforme a estratégia estabelecida, com a sinalização de 10% de perda, vendi as ações e resolvi ser mais tradicional, comprei ações da Petrobras, como todo investidor de carteirinha e carteirão. Fiz um ótimo negócio.

Depois, voltei a comprar ações de IPO e adquiri ações da São Martinho, empresa que, acredito, terá muito futuro e me trará grandes alegrias. Procuro investir em ações que penso ter algum potencial, as quais, por algum motivo, o clube não comprou.

Queria também aplicar em bancos, mas como no clube já temos dois grandes bancos, comprei ações de um que estava abrindo capital.

Assim, vou diversificando minha carteira e estou cada vez mais orgulhosa de minha capacidade de investir em Bolsa de Valores, analisando e escolhendo uma empresa. Como é bom aprender algo novo e que eu nunca havia imaginado que pudesse ser tão interessante.

VÂNIA, 56 anos, pequena empresária, divorciada

8. Aluguel de ações

O aluguel de ações deve ser entendido sob a ótica de estratégia das duas pontas:

1. Quem toma ações na forma de aluguel tem como estratégia lucrar com a queda da cotação da ação. É uma estratégia de risco.
2. O proprietário das ações tem como estratégia disponibilizar seus ativos da carteira para quem precisar, com o objetivo de gerar algum lucro. Não há risco envolvido nessa estratégia.

100 Coleção **EXPO MONEY** A bolsa para mulheres

O valor da taxa de aluguel é maior para as ações de maior risco. Portanto, para ações do tipo Bradesco, Vale, Petrobras e outras mais que são nosso perfil de investimento, a taxa de aluguel é baixa.

> *Pareceu-me, nesses casos, que o aluguel valeria a pena se realizado em grande volume, isto é, se o investidor tem um volume significativo de ações e acredita na alta, senão poderia vender as ações. Como juntas no clube acabamos gerando mais volume, isso pode ser uma estratégia a avaliar. Acho que até já fizemos isso, não é mesmo?*
>
> RENATA EVARISTO, em 07/08/07

Sim, as ações do clube estão disponíveis para ser alugadas por outros investidores. É muito fácil. Basta ligar para o corretor e dizer que quer disponibilizar suas ações para aluguel. Só tem de tomar cuidado para não vendê-las caso elas já estejam alugadas.

Como já sabemos, não se trata de uma operação de risco, já que somos as proprietárias das ações. O lucro é muito pequeno, talvez porque nosso volume de ações ainda não seja significativo o suficiente. Mas dinheiro que entra é sempre bem-vindo.

9. Contratos de futuro – mini-índice

Conforme o ditado popular, "Tudo que sobe desce". Suponha que você tenha aplicado R$1.000 e, depois de três anos, esse dinheiro tivesse se multiplicado por três, ou obtido uma valorização de 200%. Você passa a ter R$3.000. Mas se sua ação em algum momento desvalorizar 50%, você vai perder R$1.500. Percebe que a queda gerou uma perda significativa? E que para voltar ao nível que estava vai precisar de 100% de valorização? É que, em geral, a queda é mais acentuada e veloz.

Investindo em ações: Teoria Coleção **EXPO MONEY 101**

Um hedge de uma carteira de ações é vender mini-índice. Cada ponto do índice equivale a R$0,20. Por exemplo, se o índice da Bovespa ou Ibovespa estiver em 50 mil pontos, cada contrato equivale a R$10.000.

Para proteger a carteira do clube, com um patrimônio de R$500 mil, seriam necessários cinqüenta contratos.

$$\textbf{Quantidade de contratos} = \frac{\text{patrimônio da carteira de ações}}{(\text{pontos do Ibovespa} \times 0{,}20)}$$

Quando compramos ações é porque acreditamos que elas irão se valorizar, esperamos lucrar com a alta de seu preço e com os recebimentos de dividendos, juros sobre capital próprio e bonificações. Quando vendemos contratos mini-índices é porque estamos acreditando que a Bolsa vai cair. Então, quando vendemos contratos para proteger a carteira, travamos uma posição. Quando a Bolsa sobe, as ações se valorizam, mas perdemos dinheiro nos contratos de mini-índices. Quando a Bolsa cai, nossas ações se desvalorizam, mas ganhamos com os mini-índices.

Operar contratos minis tem um custo, a corretagem de R$2,00 por contrato. O que não é muito, pois, por exemplo, para proteger nossa carteira, custaria R$100,00.

$$\textbf{Custo} = \text{quantidade de contratos} \times \text{R\$ } 2{,}00$$

Para operar minicontratos, também é preciso depositar uma margem. São necessários R$1.300 por contrato. Para vender cinqüenta contratos a fim de proteger nossa carteira, são necessários R$65.000 de **margem**.

$$\textbf{Margem} = \text{quantidade de contratos} \times \text{R\$ } 1.300$$

GLOSSÁRIO

Hedge Operações no mercado financeiro utilizadas como proteção para a minimização de risco.

Margem Garantia em dinheiro, títulos ou ações.

102 Coleção EXPO MONEY A bolsa para mulheres

No mercado de ações, ganhos ou perdas são definidos pelos movimentos nos preços. Em um contrato futuro, os lucros ou prejuízos são ajustados diariamente em dinheiro, por isso a margem é necessária, para garantir os ajustes diários. Lembre-se: cada ponto equivale a R$0,20. Então, para cinqüenta contratos:

☐ Cada ponto do Ibovespa a mais significa um prejuízo de R$10,00.

☐ Cada ponto do Ibovespa a menos significa um lucro de R$10,00

Veja a simulação que fizemos para a proteção de uma carteira de R$500.000 com a venda de cinqüenta contratos mini-índices com Ibovespa a 50 mil pontos:

Dia	Qtd. Contratos	Ibovespa	Var. Pontos	Var. %	Ajuste Diário	Lucro ou Prejuízo
1	50	51.000	−1.000	2,00%	−10.000,00	−10.000,00
2	50	53.000	−2.000	3,92%	−20.000,00	−30.000,00
3	50	52.000	1.000	−1,89%	10.000,00	−20.000,00
4	50	51.000	1.000	−1,92%	10.000,00	−10.000,00
5	50	50.000	1.000	−1,96%	10.000,00	0,00
6	50	49.000	1.000	−2,00%	10.000,00	10.000,00
7	50	51.000	−2.000	4,08%	−20.000,00	−10.000,00
8	50	49.000	2.000	−3,92%	20.000,00	10.000,00
9	50	47.500	1.500	−3,06%	15.000,00	25.000,00
10	50	46.000	1.500	−3,16%	15.000,00	40.000,00

Observe a tabela de simulação. Como vendemos contratos, estamos apostando na queda; então, quando o Ibovespa fica acima dos 50 mil pontos, perdemos dinheiro, e esse dinheiro será debitado da conta-corrente do clube em favor da outra ponta do contrato. Quando o índice cai abaixo dos R$50.000, então ganhamos, e o lucro é depositado em nossa conta. Essa movimentação da conta com débitos e depósitos diários é o tal do **ajuste diário**.

GLOSSÁRIO

Ajustes diários   Lucro ou prejuízo ocasionado pela variação do índice depositado ou debitado da conta diariamente.

No entanto, diante da simulação, o clube tomou a decisão de não vender contratos futuros, porque achamos que nossa estratégia de longo prazo tem-se mostrado eficiente e porque continuamos apostando na valorização das ações da carteira.

10. Apresentação de empresas

A apresentação das empresas foi uma técnica de aprendizado que adotamos em nossas reuniões. Apresentar uma empresa acrescenta muita informação à nossa bagagem. A responsável pela apresentação de uma empresa precisa pesquisar no site da empresa, no site da Bovespa e no da Economática. Analisar as recomendações disponíveis nos sites dos bancos e das corretoras. Fazer pesquisa no Google para ver se há alguma informação relevante que seja de interesse das potenciais investidoras. Se necessário for, até falar com alguém do Departamento de Relação com os Investidores. E ainda se preparar para falar para o grupo.

Quando introduzimos a técnica de exposição, a idéia era fazer a apresentação de empresas que ainda não conhecíamos bem. Queríamos conhecer o histórico da empresa, avaliar seus números, compará-la com possíveis concorrentes dentro do setor, conjeturar sobre seu potencial de crescimento e, finalmente, tomar a decisão de investir ou não.

Cada apresentação foi um sucesso! Mesmo quando decidíamos não investir naquela empresa, ou porque os números deixavam a desejar, ou porque a empresa não se enquadrava em nossas premissas de investimentos, a apresentação sempre mudava nossa maneira de enxergar a empresa.

Atualmente não trabalho fora, pois pretendo ampliar minha ocupação como HomeBroker, trabalho que posso desenvolver em minha própria casa.

Associei-me ao Clube de Investimentos em junho de 2005. Soube de sua existência por meio de uma reportagem de jornal em que algumas associadas relatavam suas experiências.

Como estava querendo já há algum tempo aprender sobre mercado de capitais, vi nisso uma chance segura de começar a investir em ações.

Já havia participado da Expo Money – feira sobre mercado de capitais que ocorre anualmente em algumas cidades do país – e já havia feito também um curso no INI (Instituto Nacional de Investidores). Mas ainda me faltava coragem.

Fui muito bem recebida no clube naquela que seria minha primeira reunião. Pude ver logo de início que ali estavam mulheres sérias que possuíam um real interesse em aprender sobre este mercado e acreditavam no trabalho que ali era realizado. Assim, dei meu primeiro passo, tive coragem de ir à reunião e apresentar-me para essas pessoas que nunca havia visto antes. O segundo passo foi adquirir a confiança necessária para continuar freqüentando as reuniões, com uma participação mais ativa.

O objetivo maior que vejo nesses encontros é conhecer um segmento até então, para mim, restrito aos grandes investidores. Pude ver então como eram feitas as escolhas de investimento, pude aprender sobre os termos usados nesse meio, desmistificar enfim o tão "inalcançável" mercado de ações que a cada dia que passa mais se populariza.

No clube, estamos todas em busca de melhores formas de investimento, em busca de conhecimento e de uma forma de se trabalhar prazerosamente um tema tão extenso quanto complexo.

Há no clube mulheres com formações profissionais tão distintas quanto são em personalidade, o que o torna ainda mais atraente e fabuloso.

Investindo em ações: Teoria **Coleção EXPO MONEY 105**

Aprendendo a investir de forma cuidadosa e aprendendo também a fazer as devidas análises empresariais, adquirimos a confiança necessária para fazer boas opções para a nossa vida pessoal e financeira.

Hoje, tenho a coragem e a confiança necessárias para gerir minha própria carteira de ações. A cada reunião do Mulherinvest, um novo capítulo é desvendado, uma nova informação é assimilada e uma nova dúvida, sanada.

Periodicamente, fazemos análises de empresas que julgamos interessantes e que não constam ainda de nossa carteira de ações. O objetivo é procurar dados, analisar relatórios, entrar em contato com o RI da empresa (Departamento de Relacionamento com Investidores), enfim, adquirir novos conhecimentos por meio dessa pesquisa e, ao mesmo tempo, buscar novas oportunidades de bons negócios para nosso clube de investimento. Eu, por exemplo, adorei pesquisar sobre o Grupo Gerdau S.A. e as Lojas Americanas S.A. São empresas interessantíssimas por sua história de crescimento e pelo segmento em que atuam. A primeira está presente em nossa casa e em nosso dia-a-dia. A segunda faz parte da rotina de qualquer mulher. Quem nunca deu uma passadinha nas Lojas Americanas sem uma necessidade de compra e saiu de lá com pelo menos uma barrinha de chocolate?! Pesquisei empresas com as quais me identifico, por achá-las instigantes e por ter perspectivas positivas na Bolsa de Valores. Imagine tornar-se acionista de uma empresa que admiramos! E o leque de escolhas é enorme; assim, vários outros segmentos também me interessam.

Mas não é só o lado financeiro que tem evoluído: o lado pessoal também, uma vez que foi criado um vínculo de amizade com pessoas de personalidades, profissões, idades e idéias tão diferentes e ao mesmo tempo tão complementares entre si.

No Clube de Investimentos, as associadas participam ativamente de toda e qualquer escolha de compra ou venda de ações; a carteira de ações do clube pertence de fato a cada uma de nós. Os erros e acertos são de todas. Daí a responsabilidade de cada uma. É ótimo ver uma opinião nossa ser respeitada e aceita. É estimulante o fato de buscarmos informações para participar de cada reunião, pois isso faz com que queiramos aprender cada vez mais. O que é utilizado nesses encontros também o é em nossa vida pessoal.

Eu, particularmente, possuo outros investimentos, tais como Renda Fixa, DI, Previdência Privada. Invisto também na carteira de ações do banco em que sou correntista, enfim, procuro diversificar bem minhas aplicações. Mas investir na Bolsa de Valores, seja por meio de um clube de investimentos ou por minha própria conta e risco, é estimulante e compensador. Assim, aprendemos a dosar esse risco, a arriscar por um ganho financeiro maior e, sobretudo, a controlar de perto nosso patrimônio financeiro.

Aplicar na Bolsa de Valores também é contribuir para o crescimento de nosso país e para o nosso próprio crescimento. Creio que, assim como comecei a investir e descobrir que isso é viável, plenamente consciente de minha competência, tenho certeza de que esse tipo de investimento será cada vez mais popular e que cada vez mais e mais pessoas vão encontrar nisso um meio eficiente de progredir financeiramente.

**JULIA, 39 anos, casada, um filho pequeno,
trabalhava antes como aeroviária**

CAPÍTULO 4

Investindo em ações: Prática

Agora vou apresentar ações de algumas empresas que já entraram na nossa carteira. A maioria continua lá, afinal investir com horizonte de longo prazo faz parte da nossa estratégia. Queremos ficar com as ações o maior tempo possível, mas nem sempre é possível, às vezes é melhor vender. Vendemos ou porque a ação não se valorizou como esperávamos e então preferimos substituí-la por uma com maior potencial de lucros, ou porque a perda já atingiu o nosso limite de 15%.

A diversificação de uma carteira é limitada. O risco sistemático, não é reduzido pela diversificação. Na prática, uma carteira bem diversificada não precisa ter ações de uma extensa lista de empresas. Com 10 ou 12 delas já é o suficiente para eliminar o risco não-sistemático quase que completamente, além de ser muito mais fácil administrar uma carteira menor.

Não fique sugestionada pelas nossas escolhas, faça as suas!

Conhecendo as empresas, empilhamos informações que vão nos ajudar na hora de tomar decisões de investimentos em ações.

O ano de 2004, quando o clube começou, foi marcado por eventos societários e corporativos importantes, como a venda do controle da cervejaria AmBev para a cervejaria belga Interbrew, em março. A venda da Embratel para a mexicana Telmex, em abril, e, em junho, a venda da Net também para a Telmex. Fortes oscilações nas ações das empresas envolvidas e também muitas discussões importantes quanto à pre-

---

GLOSSÁRIO

Risco não-sistemático Também conhecido como risco específico ou risco diversificável. Eliminado pela diversificação dos investimentos. Dentro de um setor, siderúrgico, por exemplo, as empresas possuem estratégias de administração diferentes. Se você investe em diversas empresas do mesmo setor, está reduzindo o risco específico.

Risco sistemático Também conhecido como risco de mercado. Não diversificável. Por exemplo, em épocas de eleição, todas as empresas e todos os setores ficam expostos ao mesmo risco político.

cificação das ações e aos direitos dos acionistas minoritários. Os setores elétrico e petroquímico também passaram por turbulências, com a edição da medida provisória que estabeleceu novas regras para o setor. A alta dos preços do petróleo foi um grande catalisador de movimentos nas Bolsas americanas, que têm influência sobre a Bovespa.

É importante lembrar as vantagens competitivas das empresas brasileiras dos setores de aço, mineração, e papel e celulose, seja por aspectos geológicos, seja pela alta qualidade do minério de ferro da Cia. Vale do Rio Doce, climáticos, já que o clima e o solo no Brasil permitem o crescimento rápido das florestas de eucalipto para celulose, ou porque as empresas são modernas tecnologicamente – as siderúrgicas brasileiras têm as plantas mais novas e produtivas do mundo, enquanto a Embraer conta com tecnologia de ponta em seus projetos. Dessa forma, tais setores apresentam enorme potencial de desenvolvimento.

Este tópico não constitui uma oferta de venda ou recomendação de investimento. Por isso, a responsabilidade por qualquer decisão de investimento tomada com base nessas informações é toda sua.

"Os clientes sempre querem os produtos mais baratos, mas os investidores querem mais lucros", afirma Carly Fiorina, ex-CEO da Hewlett Packard.

1. Petrobras (PETR3 e PETR4)

Apesar de ser a Petrobras, a compra dessas ações gerou muita polêmica no grupo. É que tivemos uma situação em que uma das cotistas se opunha veementemente à compra da ação da empresa. Segue aqui o argumento que uma cotista a favor da compra enviou ao grupo no dia em que colocaríamos a situação em votação.

Não posso dizer de que lado estava, mas digo que foi uma das primeiras vezes que senti um orgulho enorme do grupo e isso foi ainda bem no começo. Foi uma discussão de gente grande. Pareciam investidoras muito experientes, defendendo com muita inteligência seus pontos de vista.

Tendo em vista que nossa meta é, em princípio, termos dez empresas brasileiras para compor nossa Carteira de Investimentos, venho, pelo presente, propor a inclusão de empresas brasileiras que tradicionalmente vêm dando alegria a seus investidores: PETROBRAS e Vale do Rio Doce. As chamadas "Blue Chips"; poder-se-ia acrescentar ainda o Banco do Brasil, mas preferi me deter nas duas primeiras.

Desde que entrei para o Clube, venho conversando com amigos e conhecidos que há anos investem na Bolsa de Valores e sei que o desempenho das três vem se mostrando muito bom, principalmente no que diz respeito à PETROBRAS e à Vale do Rio Doce.

Com relação à Vale do Rio Doce, não consegui, até o momento, mais dados para apresentar na reunião de hoje, mas, com relação à PETROBRAS, visto que de lá sou aposentada e ainda tenho amigos e colegas na ativa, solicitei a um colega e amigo que ocupa uma posição técnica de destaque, e que eu sabia que tivera uma boa experiência com as ações da empresa, que levantasse para mim dados básicos e importantes em que se explicitassem boas razões para a compra de ações da PETROBRAS, o que, aliás, no caso dele, seria de certa forma fácil, visto que lida diariamente com esses números, e, dessa forma, apresento a seguir o arrazoado que me foi apresentado:

Conforme você me pediu, aí vão algumas razões para a compra de ações da PETROBRAS. Ressalto que estou fazendo essas colocações com a lógica de um investidor, e não como funcionário da empresa. É uma análise baseada em fatos e dados, e não em elementos de "achologia pura e aplicada". Vamos lá:

1. *Uma companhia de petróleo integrada, que caminha para a auto-suficiência na produção de petróleo – são mais de dois milhões de barris de óleo que produzimos diariamente – e segue os preços de mercados internacionais tem seu faturamento e lucratividade garantidos. A razão é muito simples. O custo de produção do petróleo nacional (com todos os impostos embutidos) é muito menor que o preço de aquisição do petróleo no mercado internacional.*

Investindo em ações: Prática **Coleção EXPO MONEY 111**

No caso da PETROBRAS, o custo unitário da produção nacional é da ordem de US$12/barril. Admitindo-se que os custos de transporte e refino sejam da ordem de US$3/barril, teremos um custo total da matéria-prima da ordem de US$15/barril. Ao vendermos derivados no país, mesmo com os preços achatados devido à intervenção do governo, colocamos numa média de US$45/barril. Se vendêssemos seguindo as cotações internacionais (com o petróleo cotado a cerca de US$50/barril), a média de venda dos derivados seria algo em torno de US$60/barril.

Mesmo levando em consideração o preço de US$45/barril, a LUCRATIVIDADE do barril processado (margem de refino) seria:

Margem de refino = Receita unitária − Custos unitários. Ou seja, MR = 45 − (12+3) = 45 − 15 = US$30/barril, ou seja, 200% de lucro sobre os custos totais (30/15 x 100%). É uma margem absurdamente grande para qualquer empresa, principalmente as petrolíferas. Margens como essas somente são atingidas por grandes produtoras de petróleo bruto, como a SAUDI ARAMCO, ou a K.P.C. Nenhuma das grandes multinacionais petrolíferas (EXXON/MOBIL, BRITISH PETROLEUM, SHELL, CHEVRON/ TEXACO, TOTALFINA ELF etc.) tem margens como essas, porque todas, repito, TODAS, são dependentes de petróleo de terceiros e pagam caro por ele, achatando a margem de refino e a lucratividade da empresa. É só refazer a conta acima admitindo que uma dessas empresas tenha de adquirir 50% do petróleo de terceiros. O preço médio da produção de petróleo próprio, por exemplo, de uma SHELL, é estimado em US$15/barril, ou seja, (0,5)(15,00) + (0,5)(50,00) = US$32,5/barril.

Sua margem então seria: MR = 60 − (32,5 + 3) = 60 − 35,5 = US$24,5/barril, ou seja, usando a mesma lógica, (24,5/32,5) x 100% = 75,4%, que é uma bela margem, porém muito menor que a da PETROBRAS, em termos percentuais. Seria covardia *se, no caso da PETROBRAS, vendêssemos derivados aos preços internacionais. Teríamos uma margem absurdamente grande. MR = 60 – 15 = 45, com um percentual de ganho da ordem de (45/15 x 100) = 300% sobre os custos totais.*

Como o governo, aos poucos, irá restabelecer esses patamares, está mais do que óbvio que, se a rentabilidade hoje já é alta, imagine quando for equiparada aos preços internacionais.

Alguém pode argumentar: E se o governo não fizer isso? Não há essa possibilidade, por três razões:

A. *Uma maior lucratividade da PETROBRAS (que, logicamente, é uma empresa estatal, quer dizer, uma sociedade por ações, de economia mista) aumenta o superávit primário do Brasil, além de o governo arrecadar também com os dividendos distribuídos (hoje, o governo detém 50% de ações ON, mas em ações totais só tem 33,3%), o que também contribui para melhorar esse superávit (trata-se de meta estabelecida com o FMI e o Banco Mundial).*

B. *Com a correção dos preços dos derivados equalizando com o mercado mundial, a arrecadação tributária também aumenta, contribuindo, também, por outra via, para o superávit primário.*

C. *Não se deve esquecer que há hoje, no exterior, cerca de 1/3 das ações da PETROBRAS nas mãos de estrangeiros, que já estão pressionando para a correção dos preços dos derivados, e o governo irá atender, aos poucos, esse pleito.*

2. Outra coisa importante e que contribui para o faturamento da empresa é que passamos a ser uma empresa exportadora de petróleo, com volumes exportados crescentes nos próximos anos. Admitindo que o nosso petróleo seja exportado a US$45/barril, em média, estamos ganhando, líquidos, com cada barril de petróleo exportado, algo em torno de US$33/barril, ou seja, (45 – 12) = US$33/barril. Rentabilidade líquida: (33/12 x 100) = 275%.

A não ser grandes países exportadores, nenhuma outra companhia petrolífera ocidental tem essas margens.

3. *Outro ponto que devemos destacar é a retomada do crescimento econômico no país, que fará com que o consumo de derivados venha a crescer nos próximos anos. Como o mercado é quase integralmente abastecido pela PETROBRAS, o volume de vendas crescerá, aumentando o faturamento bruto da empresa.*

4. *No início de 2007, analistas recomendavam a seus clientes aquisições de ações da PETROBRAS como investimento extremamente lucrativo para médio e longo prazos (três anos, no mínimo).*

5. *Quem está escrevendo acreditou na empresa alguns anos atrás (quatro anos) e aplicou todo o valor possível de seu FGTS nessas ações. Elas foram compradas a R$35/ação. Hoje, estão valendo algo em torno de R$105. O capital aplicado simplesmente triplicou. Será que valeu a pena?*

6. *Posso garantir que as ações da PETROBRAS ainda têm uma razoável perspectiva de crescimento em termos de preços. O mercado não está esperando uma excelente lucratividade da empresa para 2007, mas o balanço será muito parecido com o de 2006. Quando estiver perto da divulgação do balanço, e algumas informações começarem a vazar, o preço do papel deverá subir razoavelmente. Isso só não se concretizará se houver algum fator imponderável externo ao país que afete toda a economia brasileira e, por conseguinte, a Bolsa de Valores.*

Esses são meus argumentos.

Gostaria apenas de saber que outras ações na Bolsa brasileira apresentam maiores perspectivas de ganhos, aliadas ao fator SEGURANÇA? Talvez as da Vale do Rio Doce, mas eu não acompanho o desempenho dessa empresa. Não conheço nenhuma outra que alie rentabilidade com segurança, como as ações da PETROBRAS.

Acho que, na geração de um portfolio de ações para investimentos, não aplicar em ações da PETROBRAS é, no mínimo, deixar de ganhar dinheiro.

> *Espero que esses pontos levantados sirvam para ajudar na decisão de compra das ações.*
>
> *Bem, afora o exposto, lembro uma antiga frase citada pela primeira vez por John Paul Getty, isso em torno de 1953: "O melhor negócio do mundo é uma refinaria de petróleo." Mais tarde, foi parafraseado por David Rockefeller (neto de John D. Rockefeller, fundador da EXXON). Nessa época, ele era o diretor-presidente da EXXON e, posteriormente, veio a ser presidente do Chase Manhattan Bank, só que ligeiramente diferente: "O melhor negócio do mundo é uma refinaria bem administrada, o segundo melhor negócio é uma refinaria mediamente administrada e o terceiro melhor negócio é uma refinaria pessimamente administrada."*
>
> *Bem, esperando que a explanação tenha sido a contento para a inclusão na pauta de logo mais a compra de ações da PETROBRAS, aqui me despeço com um grande abraço a todas.*
>
> **MARILENA (13/11/2004)**

Diria que essa foi a decisão mais difícil do clube desde o começo. Porque, em geral, qualquer investidor tem ações da Petrobras. Então, pensei que seria decisão unânime investir na empresa. Mas não foi bem assim. A decisão se arrastou por algumas semanas até o grupo chegar a um consenso. No final, foi decisão da maioria investir em ações da Petrobras.

2. Cia. Vale do Rio Doce (VALE5)

A decisão de investir na Vale também não foi fácil. Novamente tivemos um voto contra. Mas, nesse caso, talvez pelo desgaste que já fora criado com as ações da Petrobras, a situação se resolveu mais rapidamente e a decisão em investir em ações da Vale foi logo definida.

Investindo em ações: Prática   Coleção EXPO MONEY 115

3. Lojas Americanas (LAME4)

Depois da apresentação de empresa pela Julia, que se esmerou na tarefa, foi unanimidade do grupo investir nas Lojas Americanas.

No entanto, um dos índices que nos chamou muito a atenção, pois era muito, muito, acima das empresas do mesmo setor, foi o **Preço/Valor Patrimonial ou P/VPA**. Julia ficou incumbida de descobrir o porquê.

Ligou para o Departamento de Relação com os Investidores e a razão de esse índice ser alto é porque a maioria de suas lojas não está em instalações próprias – elas são alugadas. Essa razão explica também seu **endividamento** alto.

Nesse caso, entendemos que os motivos que tornam esses índices altos fazem parte da estratégia de lucros da empresa e, por isso, somos mais do que clientes; somos também investidoras nas Lojas Americanas.

4. B2W – Companhia Global de Varejo (BTOW3 – antes Submarino SUBA3)

É a empresa mais jovem da carteira do clube. Acreditamos no crescimento do comércio eletrônico e nas metas da empresa.

Como a experiência de investir em Bolsa mexe diretamente com nossas emoções, alguém como a Vera, que é cardiologista, não poderia faltar em nosso grupo. Como profissional da área de saúde, ela é um grande exemplo de que não é preciso ser especialista em finanças para investir em ações, convencendo o grupo a investir na Submarino com sua apresentação.

Em dezembro de 2006, foi anunciada a fusão da Submarino e da Americanas.com, nascendo a nova empresa B2W, a qual é negociada hoje com o código BTOW3. Embora seja a fusão dos dois maiores sites brasileiros de comércio eletrônico, o objetivo é mais amplo: atuar no varejo como um todo, e não apenas na Internet. Para explorar o potencial de mercado, a empresa aposta nos diferentes canais de distribuição – televendas, televisão, pelo canal Shoptime, catálogos, quiosques e Internet. A notícia foi bem recebida pelo mercado.

5. Weg (WEGE3)

Recentemente, a Weg transformou todas as ações PN em ON, com o objetivo de aderir ao Novo Mercado, em que só empresas com ações ON podem operar.

Além dos motores elétricos, a Weg tem hoje como foco de negócios, também, automação, energia e tintas. É capaz de entregar soluções completas a qualquer segmento de mercado. Deixou de ser a pequena fabricante de motores elétricos de Santa Catarina para se transformar numa empresa global presente em cinco continentes.

Investe pesado no desenvolvimento de três áreas: tecnologia, pessoas e mercados. Inovação e valor agregado são moeda corrente na empresa. Fornecendo há anos para as usinas de açúcar e álcool, vedetes do momento pelo crescimento do mercado de etanol, já pensa em soluções que possam ser oferecidas ao grande número de clientes potenciais representados pelas usinas de produção de energia a partir do bagaço da cana. O renascido setor naval brasileiro é outra vertente importante.

Investe no desenvolvimento técnico e acadêmico de seus funcionários. O desenvolvimento das pessoas também passa pelo expatriamento.

A Weg foi apresentada pela Renata.

6. Plascar (PLAS3)

Nosso interesse na Plascar despertou ainda mais na Palestra da Geração Futuro Corretora, realizada em 05/06/2007. Já era nossa idéia antes da palestra estudar a empresa, mas depois ficou evidente que deveríamos analisá-la, dadas as perspectivas de crescimento com a reativação da demanda no setor automobilístico.

O setor passou por uma reestruturação. Estratégias para a ampliação das vendas de veículos mais compactos já começam a apresentar resultados. Mais renda, juro menor e prazos maiores de financiamento dão impulso às empresas atreladas ao setor automobilístico. E o segmento de autopeças está intrinsecamente relacionado ao setor.

Os produtos da Plascar são exportados e estão nos melhores veículos do mundo: Volkswagen, Fiat, Toyota, Ford, GM, entre outros.

Lanternas, pára-choques, porta-luvas, laterais de porta, acionadores de vidros, painéis de instrumentos. Esses são os principais produtos produzidos pela Plascar.

Quem tem um Palio? Há mais de dez anos, a Plascar fornece as peças de plástico injetado para o Palio.

7. Bradesco (BBDC4)

Foi a primeira ação comprada para a carteira do clube – veja cópia da nota de corretagem (Anexo II). O que nos levou a comprar ações do Bradesco? No começo, com pouco dinheiro e poucas cotistas, a decisão de investir na Bradesco foi exclusivamente minha. O setor de bancos é muito promissor, principalmente no Brasil, onde ainda se praticam altas taxas de juros. Mas não é só por isso que investir em banco no Brasil é bom. Também somos reconhecidos por nossa eficiência tecnológica.

> *Bradesco vale mais de R$100 bilhões – Jornal O Dia, 24/05/07 Maior banco privado do país é a terceira empresa brasileira a alcançar a marca, atingindo o patamar de Petrobras e Vale. Alta das ações na Bolsa de Valores (Bovespa), queda dos juros e fortalecimento do real. Com esse panorama favorável, aliado à expansão do crédito, o Bradesco acaba de alcançar o rol das empresas com valor de mercado acima dos R$100 bilhões. O banco é a terceira companhia brasileira e primeira instituição financeira a ultrapassar essa marca no País, de acordo com levantamento feito pela consultoria Economática.*

8. Alpargatas (ALPA4)

Seu principal produto – as Sandálias Havaianas – servirá para abrir caminho no exterior para outros itens, como os artigos das marcas Topper e Rainha. Essa empresa também produz, sob licença, as marcas Mizuno e Timberland. No caso das sandálias, a empresa calcula deter 80% do mercado. É um **maket share** para não deixar dúvida de liderança.

Na Europa e nos Estados Unidos, as sandálias adquiriram status de ícone fashion. Possui uma eficiente estrutura industrial para suportar os planos de internacionalização, com um sistema de gerenciamento da cadeia de suprimentos, de controle de custos e de comunicação de dados entre as unidades. Parte da produção é terceirizada e algumas partes de calçados são importadas da China.

Aos 100 anos, completados em 2007, faz um esforço diário para se manter jovem.

9. Natura (NATU3)

Essa já não faz mais parte de nossa carteira. Vendemos porque seguimos estritamente nossa estratégia estabelecida: a desvalorização superou 15%.

No entanto, continuamos acompanhando o desempenho das ações para que, em algum momento, retomar nossos investimentos.

A Natura foi uma das primeiras empresas a entrar no **Novo Mercado**, seguindo as regras mais rígidas de governança corporativa impostas pela Bolsa de Valores de São Paulo. Pioneira na adoção de práticas de sustentabilidade, com equilíbrio entre o ambiental, o social e o econômico. Lançou o refil de produtos cosméticos, com menor impacto ambiental, ao lado de práticas internas de reciclagem e uso criterioso de matérias-primas naturais.

Para inovar, o investimento em pesquisa e desenvolvimento (P&D) é fundamental. Em 2006, inaugurou um laboratório em Paris, onde estão os fornecedores estratégicos no setor de tecnologia cosmética.

Além do Brasil, opera na Argentina, no Chile, Peru, na Bolívia, no México, na Colômbia e Venezuela, o que lhe dá presença consolidada na América Latina. Em 2005, abriu uma loja em Paris e planeja entrar nos Estados Unidos em 2008.

Investindo em ações: Prática **Coleção EXPO MONEY 119**

O giro de revendedoras é muito baixo, 30%, enquanto a média da indústria no mundo é de 90%.

10. Grendene (GRDN3)

A maioria decidiu investir na Grendene, na primeira distribuição ao público. A Grendene fez uma operação muito semelhante à realizada pela Natura, colocando no mercado parte das ações ON de seus controladores e atendendo às exigências do Novo Mercado. A ação da Grendene também já foi vendida.

> *Minha intuição fala para Grendene.*
>
> **ZILÉIA (25/10/2004)**

11. Suzano Papel e Celulose (SUZB5) e Votorantim Celulose e Papel (VCPA4)

Por que a Votorantim Celulose e Papel como empresa do setor de papel e celulose, e não a Suzano ou Aracruz, que também são empresas que se encaixam em nosso critério de seleção?
VÂNIA (05/06/07)

Nesse dia, assistimos a uma palestra promovida pela Geração Futuro Corretora, e a Vania, que por motivos profissionais acompanha o desempenho das empresas de papel e celulose, fez a pergunta acima.

Para a corretora, apostar na produção de celulose será mais rentável do que na produção de papel. O papel é um produto regional. Na China, eles preferem um tipo de papel, nos Estados Unidos, outro, e na Índia, um terceiro. Outro ponto a considerar são as dificuldades de transporte do papel, que se danifica facilmente se não for transportado nas condições ideais. Como na Suzano a produção de papel e celulose tem o mesmo peso, a empresa foi descartada. Como a estratégia da Votorantim é abrir mão de receita atual, produzindo papel para ter uma receita maior a partir de 2008, com a produção de celulose, a Aracruz foi preterida também.

O Rio Grande do Sul é o novo pólo de celulose do Brasil. A produção de papel destina-se predominantemente ao mercado interno: papel de imprensa, papéis de imprimir e escrever, papéis de embalagem, papel-cartão, papéis para fins sanitários, cartolinas, papelões e papéis especiais. Da produção de celulose, metade é exportada, e as exportações crescem mais de 10% ao ano. Ainda metade da exportação vai para a Europa. Celulose de eucalipto é a mais produzida e a mais vendida.

Pensar em empresas de papel e celulose para investir é pensar também em reciclagem como forma de desenvolvimento sustentável e nas cooperativas de catadores de papel. Os plantios florestais e o reflorestamento também pesam na decisão.

12. América Latina Logística (ALLL11)

A ALL, maior operadora logística com base ferroviária da América Latina, transporta para clientes de variados segmentos, como commodities agrícolas, insumos e fertilizantes, combustíveis, construção civil, florestal, siderúrgico, higiene e limpeza, eletroeletrônicos, automotivo e autopeças, embalagens, químico, petroquímico e bebidas. A Companhia oferece uma gama completa de serviços de logística, combinando as vantagens econômicas do transporte ferroviário com a flexibilidade do transporte por caminhão, em uma área de cobertura que engloba mais de 62% do PIB do Mercosul.

A ALL possui concessões de ferrovias.

Suas ações são negociadas em forma de units. Cada *unit* representa uma ação ON e quatro ações PNs.

GLOSSÁRIO

Units Certificados de depósito de ações ordinárias e preferenciais. Saída que as empresas de Nível 2 encontraram para concentrar a liquidez em apenas um tipo de ação e de estender o direito mais valorizado pelos investidores – o *tag along* de 100% – a todos os acionistas. As empresas que optaram pelo Nível 2 encontraram restrições legais, pois estavam impedidas de vender uma quantidade maior de ações ordinárias porque isso poderia diluir o controle. Exemplos: ALLL11 e UBBR11.

Investindo em ações: Prática **Coleção EXPO MONEY 121**

Por causa dos índices de **endividamento** e da **taxa decrescente de lucros,** foi decisão não investir em ALL, pelo menos não por enquanto.

A apresentação da ALLL11 foi preparada pela Célia.

13. Diversificação

Supondo que você já esteja pronta para montar sua carteira de ações, é preciso conhecer a Teoria Moderna de Carteira, um conceito acadêmico mas muito útil. Com ela, você poder certificar-se de que está diversificando o risco com eficiência. A idéia é atingir o maior retorno, com uma combinação de várias ações que não sejam correlacionadas.

Uma medida conhecida como co-variância é usada para quantificar o movimento de determinada ação em relação a outra.

O princípio de diversificação da Teoria Moderna de Carteira considera de oito a doze ações não-correlacionadas um número aceitável para a minimização do risco não-sistemático, pois o risco sistemático não é passível de redução nem com a diversificação.

As cotistas do clube levam tão a sério a diversificação que compram ações para as suas carteiras diferentes das ações da carteira do clube.

GLOSSÁRIO

Co-variância Medida estatística de relação entre dois números.

Quando vendi minha empresa, não sabia o que fazer com o dinheiro. Comprei algumas ações e consegui um rendimento muito bom.

Aproveitei também e entrei para o clube, que possui ações de várias empresas, e aprendi a diversificar.

O livro da Sandra me fez pensar muito em como devemos administrar nosso dinheiro.

Indico para amigas tanto o livro quanto o site, e é só elogios, inclusive uma amiga minha já fazia investimento só com as orientações encontradas no site.

Também comecei a pensar mais para a frente e no quanto deveria economizar para que no futuro tivesse um "fundo" como se fosse uma previdência administrada por mim mesma.

Nós, mulheres, adoramos gastar, isso realmente não dá para mudar, mas podemos deixar de comprar um pouco, aplicar todo mês, para depois no futuro aproveitarmos nossas economias.

VIVIANE, 33 anos, casada, duas filhas, advogada

CAPÍTULO 5
Agora é com você!

Para organizar um clube, é preciso juntar um grupo de no mínimo três pessoas e no máximo 150. Será preciso também contratar uma corretora para ser administradora do clube e calcular as cotas. Mas você e os associados do clube podem se reunir mensalmente e tomar as decisões de investimentos. O ambiente em grupo é ideal para proporcionar uma atmosfera descontraída de discussão acerca de um assunto que parece muito complexo. A outra opção é associar-se a um clube aberto, oferecido em geral pelas corretoras. Nesse caso, quem toma as decisões de investimentos é a própria corretora.

1. Investidora ou especuladora

Quando estudei as teorias financeiras e os respectivos modelos, aprendi que os participantes do mercado são três: investidores, especuladores e hedgers.

E eu defendia com unhas e dentes que os investimentos que fazíamos no clube não tinham nada de especulativos.

No começo de 2007, quando o assunto era a reestruturação da Varig, numa de nossas reuniões foi colocado se não valeria a pena arriscar um pouco comprando ações da Varig. Na minha função de responsável e orientadora do grupo, afirmei que aplicar dinheiro na Varig seria uma especulação. Existia um processo especulativo em cima da proposta de recuperação da Varig. Não se tinha definição alguma do quadro de reestruturação da empresa. Seria totalmente contra os princípios que adotamos quando começamos o clube. A

GLOSSÁRIO

Hedger Aquele que faz **hedge.** Quem utiliza os instrumentos financeiros para se proteger das oscilações do mercado e minimizar os riscos.

maioria concordou e decidimos não comprar as ações da Varig. Até aqui, tudo bem; investimento e especulação são bem diferentes.

Mas e quando há uma linha tênue que separa os investimentos da especulação? Por exemplo, quando temos uma lista de empresas que já passaram pela nossa análise e atendem aos requisitos-base, mas não temos dinheiro para investir em todas? Em geral, a regra é simples: escolhemos a que está com maior potencial de valorização. Mas e se duas ou mais estiverem? Quando temos dinheiro suficiente, é ótimo comprarmos um pouco de cada uma, pois investir regularmente é uma estratégia de longo prazo, estamos fazendo o preço médio. Mas raramente isso acontece e aí não temos mais números que as diferenciem.

Nesse momento, a decisão é realizada por meio de votação. Sabia que daquele ponto em diante estaríamos especulando. Qual empresa "achamos" ou "pensamos" ou ainda "sentimos" que vai valorizar mais?

Para responder a essa pergunta, só mesmo com a ajuda de intuição. A intuição, que nada mais é do que a manifestação de uma experiência mental absolutamente comum: a de saber alguma coisa sem saber como se sabe – definição encontrada no livro *Blink*, de Malcolm Gladwell. E nós, mulheres, sabemos o que é isso. Não é dito que temos o sexto sentido? Por que não usar e abusar da intuição?

O fato de estarmos em busca da empresa com maior rentabilidade é característico da especulação. É preciso fazer a melhor análise possível, a que renda o maior número de informações consistentes. Mas também é preciso precaver-se caso a análise esteja errada.

É certo que em algum momento vamos errar. Nunca conhecemos 100% do futuro. Saber perder é essencial nos investimentos; podemos dizer que faz parte da estratégia.

Aprendemos por meio de exemplos e experiências diretas. Não adianta querer aprender a jogar tênis lendo um livro. Você precisa ver outras pessoas jogando e, em seguida, praticar muito.

Então, na verdade, temos um clube de investimentos e de especulação. Isso nos deixa mais confortáveis e, com isso, estamos adquirindo experiência, acumulando bagagem, formando nossa base de dados para que no momento que precisarmos usar a intuição na tomada de decisão, não nos sintamos paralisadas.

Assumindo esse perfil, estamos indo bem. Estamos satisfeitas com os retornos, mesmo quando perdemos em determinado período. Sabemos que o melhor investimento é aquele que estamos fazendo. E temos aprendido muito durante esse tempo. Estamos nos movendo na curva do investidor, de novato com pouco capital, para alcançarmos o ponto do investidor experiente, com um patrimônio significativo.

Sempre procurei economizar uma parte do que ganhei porque sempre ouvi minha mãe dizer que isso era necessário, mas guardava sem saber direito para que, não tinha um objetivo definido e sempre depois de algum tempo acabava gastando em algo que precisava ou queria.

No último ano, comecei a ler alguns livros e artigos sobre finanças. O primeiro livro que li foi Casais Inteligentes Enriquecem Juntos, *de Gustavo Cerbasi. Essa leitura abriu uma nova linha de pensamento sobre minha vida financeira e, por meio dela, descobri o site www.mulherinvest.com.br.*

Acessando o site, conheci o Clube de Investimento MulherInvest. A princípio, tive um pouco de receio em me associar e enviar meus dados pessoais e financeiros para uma organização até então desconhecida para mim. Além disso, eu ainda tinha outro problema para administrar: moro em Curitiba e o clube tem suas reuniões e sede no Rio de Janeiro.

Procurei me informar sobre o clube e descobri alguns artigos e matérias em revistas e na Internet que davam credibilidade ao MulherInvest. Mas me faltava coragem para entrar num mercado ainda temido pela maioria dos investidores.

Fui estudando melhor o assunto e me informando sobre o mercado de ações no Brasil. Li o livro do Mauro Halfeld, Investimentos – Como

Administrar Melhor Seu Dinheiro, que me esclareceu algumas dúvidas. Também comecei a participar do Folha Invest em Ação, que é um concurso promovido pelo jornal Folha de S. Paulo, em que os participantes aplicam dinheiro virtual no mercado de ações brasileiro.

Comecei investindo na poupança. Quando juntei uma quantia maior, passei para um fundo DI. Hoje, tenho uma poupança com uma reserva para emergências, uma aplicação em um fundo multimercado e comecei a investir no mercado de ações por meio do Clube MulherInvest. Daqui para a frente, pretendo diversificar meus investimentos para seguir a regra de não colocar todos os ovos na mesma cesta.

Faz pouco tempo que sou associada ao Clube MulherInvest, mas o que me chamou atenção nesse tipo de investimento foi a possibilidade de aplicar no mercado de ações. Acredito que teremos um bom retorno financeiro no longo prazo, pois somos mulheres investidoras sempre nos aperfeiçoando para obter melhores resultados.

Logo que comecei a investir, sempre me perguntava: qual é o melhor investimento a fazer?

Finalmente, encontrei a resposta para a minha incessante pergunta. Ela estava me esperando no site MulherInvest e diz o seguinte: o melhor investimento é o que você faz.

Parece óbvio, não é? Hoje, adotei essa filosofia para minha vida financeira: O melhor investimento é o que eu faço.

ROSE, 29 anos, casada, engenheira civil

2. Perfil da investidora

Na verdade, todas nós somos investidoras conservadoras quando as notícias são ruins, e moderadas ou agressivas quando as notícias são otimistas.

Mas é bom saber qual o seu perfil antes de começar a investir para não correr riscos que não vão deixar você dormir à noite tranqüilamente. Segue aqui um questionário para determinar seu perfil. Responda as questões e veja a qual grupo você pertence.

1. Qual sua faixa etária?
   a. Até 29 anos
   b. De 30-39 anos
   c. De 40-49 anos
   d. Mais de 50 anos
2. Qual seu estado civil?
   a. Solteira
   b. Casada
   c. Separada/Divorciada
   d. Viúva
3. Você tem filhos?
   a. Sim
   b. Não
4. Qual a sua formação?
   a. Universitária
   b. Média
   c. Fundamental
5. Para você, é importante investir dinheiro para:
   a. Ter reservas para emergências
   b. Realizar seus sonhos
   c. Garantir o futuro de seus filhos
   d. Assegurar uma aposentadoria tranqüila
6. Como você reage a grandes mudanças em sua vida?
   a. Com grande agitação, ansiedade e estresse
   b. Com ansiedade, mas a vida tem altos e baixos
   c. As mudanças boas ou ruins trazem emoções à sua vida
7. Com relação a investimentos em ações, você:
   a. Nunca pensou na hipótese
   b. Já pensou mas sentiu-se desconfortável
   c. Já pensou e acredita que se sentiria confortável
   d. Já investiu e perdeu o sono
   e. Já investiu e pretende continuar

8. Imagine que nos três últimos meses o mercado de ações teve uma queda de 25%, e que as ações que você possui também perderam esse valor. O que faria?
   a. Venderia todas as suas ações
   b. Venderia algumas de suas ações
   c. Não faria nada
   d. Compraria mais ações

9. No momento de investir, suas preocupações são:
   a. Ter segurança em caso de emergência
   b. Manter o valor do dinheiro e utilizar se necessário
   c. Realizar projeto/comprar
   d. Deixar para os filhos
   e. Velhice/Aposentadoria

10. Qual o seu grau de conhecimento sobre as alternativas de investimentos?
    a. Nenhum
    b. Limitado
    c. Bom
    d. Experiente

11. Em qual das opções a seguir você tem mais recursos investidos?
    a. Poupança
    b. Fundos e/ou títulos de renda fixa
    c. Fundos cambiais ou dólar
    d. Ações e/ou fundos de ações
    e. Imóveis

1.2 Qual cenário da economia brasileira você utilizaria para a elaboração de uma estratégia de investimentos?
    a. Otimista, com desenvolvimento das atividades econômicas e queda da taxa de juros
    b. Estável, sem grandes mudanças
    c. Pessimista, com recessão

Análise dos Resultados:

Conte quantos pontos você fez de acordo com as respostas que deu e veja na régua de risco qual é seu perfil de investidor.

Questão	a)	b)	c)	d)	e)
1.	3	2	1	0	
2.	3	2	1	0	
3.	1	2			
4.	3	2	1		
5.	1	3	2	0	
6.	1	2	3		
7.	0	1	2	1	3
8.	0	1	2	3	
9.	0	0	1	2	3
10.	0	1	2	3	
11.	1	1	2	3	1
12.	3	2	1		

Conservador	Moderado	Agressivo
1 2 3 4 5 6 7	13 14 15 16 17 18	25 26 27 28 29
8 9 10 11 12	19 20 21 22 23 24	30 31 32 33 34

3. Home broker

É sua corretora pelo computador. Uma maneira simples e ágil de negociar ações, pois permite enviar ordens de compra e venda pela Internet. Possibilita também o acesso às cotações e o acompanhamento do desempenho de sua carteira de ações.

Eu já comprava ações de empresas via Home Broker, porém, sentia necessidade de aprimorar meus conhecimentos sobre o mercado de ações.

Descobri a existência do Clube assistindo ao Programa Sem Censura na TV Educativa (do Rio de Janeiro). Achei muito interessante participar do Clube para poder me "especializar mais". Isto é, esco-

lhendo melhor as ações de uma empresa, tanto para as minhas aplicações particulares como para a escolha do Clube.

Eu, particularmente, incentivo as amigas a investir seu dinheiro. Não acho muito difícil nem complicado. Para o assunto se tornar mais claro e compreensivo, recomendo que se associem a um Clube de Investimento, porque assim saberão onde melhor aplicar as economias.

Sinto-me mais confiante na administração de minhas finanças participando de um Clube de Investimento. Consigo elaborar um planejamento financeiro com mais segurança.

Participo das reuniões do Clube, que acontecem quinzenalmente, para poder acompanhar o desempenho das nossas escolhas e também ficar informada do que acontece no mundo dos negócios.

O melhor do Clube, além de conversarmos e discutirmos sobre assuntos de investimentos de nosso interesse, é que formamos um grupo com vínculo de amizade muito grande.

LINDA, 55 anos, casada, formada em Artes Plásticas

4. As notícias

O mercado de ações é sempre assunto nos jornais, telejornais e revistas. Seja notícia boa ou ruim, vira manchete.

Queridas, não pude me conter e parei para comparar a manchete de ontem do jornal O Globo e a de hoje do jornal Valor.

Ramona Ordonez (caderno de economia de O Globo) coloca em manchete "Lucro da Petrobras caiu 20% no 1º semestre. O Valor de hoje, na reportagem de Cláudia Schuffner, coloca em manchete "Petrobras tem lucro de R$ 6,8 bilhões".

Interessante é que as duas são mulheres, as duas estão falando a verdade, mas o modo como enfocam é bem diferente. Não deixem de ler e comparar.

VÂNIA (14/08/07)

Quando você começar a investir, vai prestar mais atenção às notícias sobre as empresas. É importante saber filtrar as informações – vale a pena ir mais a fundo nisso e ver o que não é relevante. Você vai se identificar mais com alguns relatórios e com alguns especialistas do que com outros. Trocar idéias é muito rico também. Nunca tome uma decisão baseada em apenas uma fonte de informação. As tão famosas "dicas quentes" devem ser averiguadas, pesquisadas e só aceitas com muitos argumentos a favor.

Ainda dá tempo para entrar?

Oi, Sandra, como vc está? Quanto tempo... Gostaria de saber se ainda continua com o clube de investimento e se ainda está valendo a pena.

Lia (29/08/07)

Tudo é possível! A Bolsa pode cair a qualquer momento, como aconteceu em 2000, 2001 e 2002. Mas também pode continuar subindo. Então, o que devemos fazer?

Se você tem dinheiro em mãos ou disponível em renda fixa e está considerando seriamente investir em ações porque não quer mais ficar fora dessa onda, a cautela que você deve ter é a seguinte: não aplique tudo de uma vez. Para minimizar suas perdas, sugiro que você divida o valor que quer investir por 12. Por exemplo, se você tem R$25 mil, divididos por 12, essa conta vai dar R$2.083. Deixe os R$25 mil aplicados em caderneta de poupança ou em um fundo de curto prazo, para pagar menos impostos no resgate e vá sacando para investir em ações R$2 mil, mensalmente, pelos próximos 12 meses, independentemente de a Bolsa continuar subindo ou começar a cair.

Você ainda se lembra por que deve fazer o preço médio? Ele minimiza o risco e livra você da responsabilidade de escolher o momento certo para investir.

5. Concluindo

Agora é com você! Espero que você tenha uma boa experiência investindo em ações e realize muitos lucros, sozinha ou na boa companhia de um grupo.

Que tal fazermos uma revisão do que vimos aqui?

Por que investir em ações?

Para diversificar e buscar valorização do patrimônio, além de gerar recursos suficientes para alcançar objetivos de longo prazo.

Qual o momento certo para comprar uma ação?

Depois de fazer uma seleção criteriosa da empresa, deve-se comprar a ação regularmente.

Qual o momento certo para vender?

Escolhendo com estratégia a ação em que vai investir e tendo horizonte de longo prazo, raramente você precisará vender. Você vende quando:

- [ ] precisa de dinheiro;
- [ ] a ação caiu entre 10% e 20% em um ano; ou
- [ ] quando a ação atinge um valor que você considera o lucro suficiente para aquele ano

Qual a estratégia consistente?

1. Investir regularmente, independentemente das oscilações de mercado.
2. Reinvestir todos os ganhos com dividendos e juros sobre capital próprio.
3. Diversificar para reduzir o risco.
4. Ter horizonte de longo prazo, no mínimo cinco anos.
5. Limitar perdas a 15%.

6. Escolher empresas sólidas e com:
   - [ ] boas práticas de governança corporativa;
   - [ ] atraente política de distribuição de dividendos;
   - [ ] histórico de crescimento de lucros;
   - [ ] potencial de expansão e crescimento;
   - [ ] baixo endividamento.
7. Manter-se fora de **IPO** quando não há informações suficientes para fazer uma análise adequada.

O que procurar nos números da empresas?

- [ ] Taxa de crescimento: tanto em análises anuais quanto trimestrais, quanto maior, melhor
- [ ] P/L: de preferência abaixo da taxa de crescimento
- [ ] Preço/VPA: coerente com a média do setor
- [ ] Liquidez corrente: mais de 2
- [ ] Liquidez seca: mais de 1,5
- [ ] Endividamento: o menor possível.
- [ ] Margens as mais altas possíveis. Quanto mais alta, melhor. Embora devam sempre ser comparadas a outras empresas do mesmo setor.

Nada é garantido, mas em linhas gerais essas análises servem como bons indicadores da saúde financeira da empresa.

Empresas com finanças pobres algumas vezes podem descobrir uma revolucionária nova tecnologia ou um remédio que pode ocasionar uma taxa de crescimento não antecipada. Em outros casos, uma empresa pode comprar outra que demonstre nos balanços problemas financeiros, mas a sinergia entre elas pode não refletir os números somente.

Finalmente, os talentosos analistas são capazes de ver oportunidades para investimento em empresas de valor esmiuçando os números que a maioria dos normais não daria a devida atenção quando do exame do balanço patrimonial. Escolher a melhor ação no mercado num determinado momento não é fácil, ou seríamos todas muito ricas. E eu não precisaria estar escrevendo este livro. Mas mesmo os investidores iniciantes podem fazer boas apostas. Este livro pode guiar você. Faça o dever de casa. Informação para analisar não falta!

Aproveite para tirar lições das experiências negativas também. Quem investiu e perdeu um apartamento aprendeu que não deve investir um apartamento na Bolsa. Quem perde e não se abala é porque tem muito e conhece as regras do mercado ou é porque calculou o risco e está tranqüilo.

Bons investimentos!

ANEXO I

Estatuto Social do Clube de Investimento Mulherinvest

I – DENOMINAÇÃO E OBJETIVO

Artigo 1º – O Clube de Investimento **MULHERINVEST** constituído por número limitado de membros que têm por objetivo a aplicação de recursos financeiros próprios para a constituição, em comum, de carteira diversificada de ações.

II – DOS MEMBROS, DAS QUOTAS E SUA INTEGRALIZAÇÃO

Artigo 2º – O número de membros não poderá exceder 150 (cento e cinqüenta) nem ser inferior a 03 (três).

Parágrafo Único – Nenhum quotista do Clube poderá deter quantidade superior a 40% das quotas emitidas.

Artigo 3º – Os recursos entregues pelos membros, para investimentos, serão representados por quotas escriturais de igual valor.

Parágrafo Único – Da conta de depósito das quotas constará, no mínimo, o nome do quotista e o número de quotas possuídas.

Artigo 4º – O valor inicial de uma quota é fixado em **R$ 1,00** (**Um Real**).

Artigo 5º – É facultada a admissão de novos membros após a data de constituição do Clube, mediante assinatura do *Termo de Adesão* ao presente Estatuto Social, observado o limite estabelecido no art. 2º.

Artigo 6º – Os novos membros do Clube poderão subscrever suas quotas pelo valor patrimonial integralizando-as, em dinheiro, no dia da assinatura do Termo de Adesão.

Artigo 7º – O valor patrimonial das quotas do Clube de Investimento será obtido da divisão de seu patrimônio pelo número de quotas existentes.

Artigo 8º – É assegurado a qualquer membro o direito de aumentar o número de suas quotas, por novos investimentos, até o limite máximo de 40% (quarenta por cento) das quotas existentes.

Parágrafo Único – A transferência de quotas entre membros operar-se-á pelo lançamento no registro que as represente.

Artigo 9º – A cada quota corresponderá um voto nas deliberações da assembléia geral.

Artigo 10 – Os membros participantes poderão pedir o resgate total (retirando-se do Clube) ou de parte das quotas que possuírem, a qualquer tempo, desde que comunique essa intenção, por escrito, ao Administrador do Clube.

§ 1º – O pagamento do resgate será feito no prazo de 04 (quatro) dias úteis, a partir da data do recebimento da comunicação, pelo Administrador do Clube, salvo motivo de força maior, que justifique a dilatação do prazo, até o máximo de 30 (trinta dias).

§ 2º – As quotas serão liquidadas ou resgatadas pelo valor patrimonial apurado no dia posterior ao recebimento do pedido de retirada, deduzidas as despesas de praxe, inclusive as relativas a impostos.

§ 3º – O pagamento do resgate se fará em cheque, dinheiro ou documento de crédito em favor do membro resgatante.

Artigo 11 – Em caso de morte ou incapacitação do membro, o Clube colocará as quotas à disposição de quem legalmente o representar.

III – DAS APLICAÇÕES

Artigo 12 – O Clube de Investimento **MULHERINVEST** fará suas aplicações nos seguintes ativos:

I. No mínimo 51% de seus recursos em ações e/ou em bônus de subscrição e/ou debêntures conversíveis em ações de emissão de companhias abertas, adquiridas em Bolsa de Valores ou no mercado de balcão organizado;

a. alternativamente, o clube poderá fazer suas aplicações em quotas de fundos de investimento em ações, distribuídas por instituição autorizada pela CVM, desde que as carteiras dos referidos fundos atendam ao percentual de aplicação definido.

II. No máximo 49% de seus recursos em quotas de fundos de renda fixa e títulos de renda fixa, de livre escolha do gestor da carteira, ou em opções não-padronizadas ou, ainda, em outros valores mobiliários adquiridos em Bolsa de Valores ou no mercado de balcão organizado ou durante o período de distribuição pública.

§ 1º – Os valores mobiliários componentes da carteira do Clube permanecerão, obrigatoriamente, custodiados em instituição autorizada a prestar este serviço.

Artigo 13 – Os recursos financeiros provenientes de lucros obtidos com operações de compra e venda de títulos serão creditados em nome do Clube de Investimento e reinvestidos conforme autorização do seu Representante.

§ 1º – Os recursos financeiros do Clube de Investimento, provenientes de dividendos ou outros proventos em dinheiro auferidos, serão reinvestidos de acordo com a política de investimento do Clube.

IV – DA ADMINISTRAÇÃO DO CLUBE

Artigo 14 – A administração do Clube de Investimento será exercida pelo BANCO FATOR S.A., CNPJ nº 33.644.196/0001-06, sob a supervisão e responsabilidade do diretor Sr. João Orives Pichinin, casado, contador, residente e domiciliado na Cidade de São Paulo, Estado de São Paulo, portador do CPF/MF nº 103.487.788-72.

Parágrafo Único – A instituição administradora do Clube **não** cobrará do Clube de Investimento, pela prestação dos serviços de administração do clube.

V – GESTÃO DOS RECURSOS DO CLUBE

Artigo 15 – A gestão dos ativos do Clube será exercida pela instituição administradora do Clube juntamente com a Representante do Clube Sra. Sandra Mara Ribeiro Blanco.

Artigo 16 – Nenhuma taxa será devida ao Administrador do Clube pelos seus membros, a título de taxa de ingresso, ou distribuição, restringindo-se a remuneração deste, aos custos: administrativos, de custódia, das taxas de corretagem ajustadas nas operações, e respectivos emolumentos devidos à Bolsa e à entidade prestadora dos serviços de compensação e liquidação das operações realizadas.

Artigo 17 – Incluem-se entre as obrigações do Administrador do Clube para com os quotistas:

I. elaborar e manter sob sua guarda os registros administrativos, contábeis e operacionais do Clube, bem como providenciar os documentos necessários ao pagamento das obrigações tributárias;

II. remeter mensalmente, aos membros, informações relativas ao desempenho do Clube no mês anterior, à composição da carteira, a posição patrimonial do Clube e de cada membro em particular;

III. manter controles eficazes quanto às operações realizadas pelo Clube, à composição da carteira, à custódia de títulos e valores mobiliários e à posição de cada membro do clube.

IV. entregar aos membros, mediante recibo, cópia deste Estatuto.

V. prestar aos membros, sempre que solicitado, todas as informações e esclarecimentos sobre as operações feitas pelo Clube;

VI. manter em seus arquivos cadastros com as informações básicas sobre cada membro do Clube.

Artigo 18 – É expressamente vedado ao Administrador do Clube e ao Gestor da Carteira, no exercício específico de suas funções:

I. conceder, usando os recursos do Clube, empréstimos ou adiantamentos ou créditos de qualquer modalidade.

II. prometer renda fixa aos membros; e

III. fazer promessas de retiradas e de rendimentos com base em desempenho histórico do Clube, de instituições congêneres ou de títulos e índices do Mercado de Capitais, ou qualquer outro indicador.

Artigo 19 – O Administrador do Clube deverá, obrigatoriamente, fornecer à BOVESPA, sem prejuízo de outras que a Bolsa exigir, as seguintes informações:

I. Até o dia 10 (dez) do mês subseqüente, o informe mensal com base no fechamento do mês, contendo:

a. número de membros, bem como o de adesões e retiradas ocorridas no mês;

b. patrimônio do clube, o valor patrimonial da quota, e o número de quotas emitidas, ao final do mês;

c. distribuição das aplicações do Clube em: ações; debêntures conversíveis em ações; mercado futuro; mercado de opções; mercado a termo e outros valores, ao final do mês.

II. Até o dia 20 (vinte) do mês subseqüente, a relação e respectivas quantidades dos ativos componentes da carteira do Clube no encerramento do mês.

III. Qualquer alteração do Estatuto Social, quando houver.

Artigo 20 – Ao Gestor da Carteira do Clube compete:

a. decidir, de acordo com a política de investimentos do Clube quanto à aplicação dos recursos;

b. executar os serviços de gestão dos recursos do Clube; e,

c. prestar informações sobre as operações realizadas, quando solicitadas pela CVM ou pela BOVESPA;

VI – DAS APLICAÇÕES PROGRAMADAS (OPTATIVO)

Artigo 21 – Além de sua integralização no ato, os membros farão aplicações programadas, periódicas e regulares, conforme o seguinte plano de investimentos:

a. aplicações mensais e sucessivas, no valor de **R$ 100,00 (Cem Reais)**.

Parágrafo Único – As aplicações serão efetuadas diretamente com o Administrador do Clube até o último dia útil do mês, calculando-se o valor da quota na data da disponibilidade dos recursos na administradora;

VII – A ASSEMBLÉIA GERAL

Artigo 22 – A assembléia geral, convocada e instalada nos termos deste estatuto, terá poderes para decidir sobre todas as matérias relativas aos interesses do Clube.

§ 1º – É dispensada a realização de Assembléia Geral Ordinária anual e, para tanto, serão enviados, anualmente, a cada condômino, mediante recibo, os respectivos relatórios objeto de apreciação, emitidos pelo administrador do clube.

§ 2º – A Assembléia Geral Extraordinária será convocada e realizada de acordo com as disposições estabelecidas no Regulamento de Clube de Investimento, da Bolsa de Valores de São Paulo.

§ 3º – A convocação da assembléia se fará por carta registrada, enviada a cada quotista, ou em publicação de circulação interna ou local, ou ainda, em lista de ciência assinada pelos membros do Clube ou seus procuradores regulamente constituídos.

§ 4º – Assembléia Geral Extraordinária poderá ser convocada pelo Representante do clube ou por membros do clube que representem, no mínimo, 30% (trinta por cento) do número de membros e 30% (trinta por cento) do total das quotas, quando o Administrador do Clube não atender, no prazo de 8 (oito) dias, ao pedido de convocação que apresentarem, devidamente fundamentado, com a indicação das matérias a serem tratadas.

Artigo 23 – A Assembléia Geral será instalada em primeira convocação com a presença de membros do Clube ou seus procuradores regulamente constituídos, que representem, no mínimo, a maioria absoluta de quotas emitidas e, em segunda convocação, com qualquer número.

Parágrafo Único – Serão válidas as deliberações da assembléia geral tomadas, em primeira convocação, pelo critério da maioria absoluta de quotas emitidas e, em segunda convocação, pelo critério da maioria de quotas dos membros presentes.

VIII – DA DISSOLUÇÃO DO CLUBE
Artigo 24 – A dissolução do Clube se fará:

1) automaticamente, quando o número de membros for inferior a 03 (três), durante um período de 120 (cento e vinte) dias consecutivos;
2) por deliberação de membros que representem a maioria das quotas existentes, em reunião convocada especialmente para essa finalidade.

Artigo 25 – Em caso de dissolução, o patrimônio do Clube será liquidado e seu resultado, em dinheiro, distribuído entre os membros, na proporção das quotas possuídas, dentro do prazo de 30 (trinta) dias.

Artigo 26 – O Clube de Investimento se sujeitará a todas as disposições contidas nas normas baixadas pela CVM – Comissão de Valores Mobiliários e pela Bolsa de Valores de São Paulo, relativas ao disciplinamento dos Clubes de Investimento.

VIII – DA DURAÇÃO DO CLUBE
Artigo 27 – O Clube de Investimento terá prazo de duração de 5 (cinco) anos a partir desta data. Ao fim do prazo o patrimônio do clube será liquidado e seu resultado distribuído entre os membros, na proporção das quotas possuídas, dentro do prazo de 30 (trinta) dias.

São Paulo, 20 de novembro de 2003.

BANCO FATOR S.A.
Administrador do Clube

ANEXO II

Nr.Nota	Folha	Data pregão
41983	1	30/04/2004

bancofator CORRETORA

FATOR S.A. CORRETORA DE VALORES
RUA DR. RENATO PAES DE BARROS, 1017 - 11 ANDAR ITAIM BIBI 04530-001 SAO PAULO - SP
Tel. (55 11) 3049-9100
Internet : www.fatorcorretora.com.br
e-mail :
C.N.P.J.: 63.062.749/0001-83   Carta Patente : A-70/3761

Cliente 0038965-3	CLUBE DE INVESTIMENTO MULHERINVEST RUA DR RENATO PAES DE BARROS, 1017 - 11 ANDAR ITAIM BIBI (011) 3049-9400 04530-001 SAO PAULO - SP	C.P.F./C.N.P.J./C.V.M./C.O.B. 06.081.370/0001-87

| Código cliente 131-7 | 38965-3 | Assessor 7 |

Agente de Compensação	Cliente	Valor	Custodiante	C.I.
-	-	0,00 C	-	N

Banco	Agência	Conta corrente	Acionista	Administrador	Complemento nome

Negócios realizados

Q	Negociação	C/V	Tipo mercado	Prazo	Especificação do título	Obs. (*)	Quantidade	Preço / Ajuste	Valor Operação / Ajuste	D/C
	BOVESPA	C	FRACIONARIO		BRADESCO PN N1		4	119,90	479,60	D

Resumo dos Negócios		Resumo Financeiro	D/C
Debêntures	0,00	CBLC	
Vendas à vista	0,00	Valor líquido das operações	479,60 D
Compras à vista	479,60	Taxa de liquidação	0,02 D
Opções - compras	0,00	Taxa de Registro	0,00 D
Opções - vendas	0,00	**Total CBLC**	**479,62 D**
Operações à termo	0,00	Bovespa / Soma	
Valor das oper. c/ títulos públ.(v. nom.)	0,00	Taxa de termo/opções	0,00 D
Valor das operações	479,60	Taxa A.N.A.	0,00 D
		Emolumentos	0,09 D
		Total Bovespa / Soma	**0,09 D**
Especificações diversas		Corretagem / Despesas	
		Corretagem	9,59 D
A coluna Q indica liquidação no Agente do Qualificado.		ISS (SÃO PAULO)	0,47
		Outras	0,00 D
		Total corretagem / Despesas	**9,59 D**
(*) - Observações:		Líquido para 05/05/2004	489,30 D

(*) - Observações:
2 - Corretora ou pessoas vinculada atuou na contra parte.
- Negócio direto
S - Liquidação Institucional
D - Day-Trade
F - Cobertura
B - Debêntures

A - Posição Futuro
C - Clubes e Fundos de Ações
P - Carteira Própria
H - Home Broker
X - Box
Y - Desmancha de Box
L - Precatório

T - Liquidação pelo Bruto
I - POP

Observação: (1) As operações a termo não são computadas no líquido da fatura

FATOR S.A. CORRETORA DE VALORES

Glossário

AÇÃO ORDINÁRIA Ação que dá direito a voto nas assembléias deliberativas aos acionistas que as possuem. A abreviação ON designa as ações ordinárias nominativas.

AÇÃO PREFERENCIAL Ação de dá preferência na distribuição de resultados ou no reembolso do capital em caso de liquidação da companhia aos acionistas que as possuem. Empresas registradas no Novo Mercado não estão autorizadas a emitir ações preferenciais. A abreviação PN designa as ações preferenciais nominativas. PNA, PNB ou PNC são também ações preferenciais que apresentam características distintas das preferenciais comuns. Essas características são definidas pelo estatuto.

AÇÕES ORDINÁRIAS Ações em posse dos acionistas controladores da empresa.

AJUSTES DIÁRIOS Lucro ou prejuízo ocasionado pela variação do índice depositado ou debitado da conta diariamente.

ALAVANCAGEM FINANCEIRA Tamanho da dívida de uma empresa. Quanto maior o percentual da dívida, maior será sua alavancagem financeira.

ALIENAÇÃO Valor de venda ou resgate das ações.

ATIVOS DE CURTO PRAZO Itens que podem ser convertidos em dinheiro rapidamente, dentro do período de um ano. Os demais ativos pertencem ao segundo grupo, ativos de longo prazo.

BENS DURÁVEIS Itens que duram três anos ou mais. Seu carro, seus móveis e eletrodomésticos, seu computador. Todavia, com o avanço da tecnologia, alguns itens estão se tornando obsoletos antes de completar três anos.

BENS NÃO-DURÁVEIS Itens que duram menos de três anos. Estes produtos incluem comidas, roupas, produtos de higiene pessoal, brinquedos, entre outros.

BETA Mede a variação do uma ação ou carteira com relação ao mercado.

BLUE CHIPS Termo que tem origem nos cassinos americanos, em que as fichas de cor azul são as mais valiosas. Empresas de primeira linha.

BONIFICAÇÃO Quando a empresa aumenta capital incorporando reservas ou outros recursos. Emite novas ações e distribui gratuitamente entre os acionistas na quantidade proporcional de ações possuídas. Esse tipo de bonificação é conhecido como filhotes. Imagine suas ações dando filhotes! Sinônimo de lucro. A bonificação também pode ser em dinheiro, quando as reservas não são incorporadas.

CAPITALIZAÇÃO O mesmo que valor de mercado.

CÓDIGO DA NEGOCIAÇÃO O Código da ação usado para identificar uma ação nas Bolsas, na televisão ou nos jornais. O padrão é um conjunto formado por quatro letras e um ou mais algarismos, conforme o tipo de ação (ON = 3; PN = 4; PNA = 5; PNB = 6; Units = 11). Exemplos: PETR3, ALPA4, VALE5, CLSC6, ALLL11.

CONTA-CORRENTE Refere-se ao dinheiro em conta-corrente.

COPOM Comitê de Política Monetária.

Glossário Coleção EXPO MONEY **149**

COPOMISTAS Economistas que se dedicam a prever as decisões do Copom na implementação da política monetária e no regime de metas de inflação.

CORRETAGEM Valor pago à corretora pela realização de uma operação de compra ou venda de ações.

CO-VARIÂNCIA Medida estatística de relação entre dois números.

DARF Documento de Arrecadação de Receitas Federais.

DEPRECIAÇÃO Outro dispositivo contábil. Permite estimar o uso e o desgaste de ativos de longo prazo em relação à sua vida útil.

DESVIO-PADRÃO Medida estatística de risco.

DIVIDENDO Corresponde à parte dos ganhos de uma empresa que será dividida entre seus acionistas. Esse valor é distribuído em dinheiro e proporcional à quantidade de ações possuídas. Há empresas que pagam dividendos regularmente, podendo consistir em fonte de renda.Quando uma empresa obtém lucro, parte desse lucro é utilizada para reinvestir na própria empresa, parte é o lucro retido, que vai formar as reservas da empresa, e a parte restante destina-se ao pagamento de dividendos.

EMOLUMENTOS Valor pago à Bovespa de 0,035% do volume negociado.

ESTOQUE Estão em estoque todos os produtos já prontos esperando para ser vendidos, aqueles que estão quase prontos e toda a matéria-prima que será utilizada na produção.

FREE FLOAT Percentual do capital de uma empresa que não se encontra nas mãos de acionistas estratégicos, aqueles com participação superior a 5% do capital total. Dessa forma, o *free-float* das ações de uma empresa é um indicador importante de sua liquidez no mercado, pois indica qual é o percentual das ações que pode ser efetivamente negociado no pregão.

149

GOODWILL Ao pé da letra, significa reputação, mas em finanças é um valor subjetivo atribuído à empresa por seu bom histórico de relacionamento com os consumidores durante um significativo período de tempo. As sandálias Havaianas são um exemplo de *goodwill*. Sempre preferimos as legítimas, embora pudéssemos optar por similares mais em conta, pois as outras fazem o mesmo efeito. Mas a satisfação com as sandálias por muitos anos nos torna fiéis à marca e, por isso, não nos importamos em pagar mais se preciso for.

HEDGE Operações no mercado financeiro utilizadas como proteção para a minimização de risco.

HEDGER Aquele que faz hedge.Quem utiliza os instrumentos financeiros para se proteger das oscilações do mercado e minimizar os riscos.

INTANGÍVEIS Itens difíceis de quantificar, tais como patentes, direitos autorais, marcas registradas e até mesmo o *goodwill*.

JUROS SOBRE CAPITAL PRÓPRIO Outra forma de remunerar os acionistas. Os juros sobre capital próprio são distribuídos com base nas reservas de lucros da empresa, ou seja, os lucros apresentados nos anos anteriores e que ficaram retidos na empresa.

LIQUIDEZ A rapidez com que uma ação pode ser comprada ou vendida. Por exemplo, se você quer vender ou comprar uma ação da Petrobras, basta colocar a ordem e pronto, ela será executada. Mas a compra e a venda das ações de algumas empresas nem sempre é fácil. As ações do nosso clube têm alta liquidez.

LUCROS RETIDOS Total de lucros não-distribuídos como dividendos.

MARGEM Garantia em dinheiro, títulos ou ações.

MARKET-SHARE Participação no mercado.

OFERTA PRIMÁRIA Quando a empresa está emitindo novas ações no mercado. O preço das ações deve apresentar algum desconto ou deságio, para atrair investidores nos lançamentos primários de ações.

OFERTA SECUNDÁRIA Na oferta secundária, as ações apenas trocam de mãos, não há aporte de capital na empresa – o que só ocorre no mercado primário. Exemplos: Natura e Grendene.

OUTROS ATIVOS DE CURTO PRAZO Nesta categoria estão incluídos quaisquer outros ativos que sejam facilmente convertidos em dinheiro no prazo de um ano, inclusive itens relativamente insignificantes como selos postais.

POTENCIAL DE VALORIZAÇÃO Diferença percentual entre a cotação atual ou corrente da ação e seu preço justo.

PREÇO JUSTO Também conhecido como preço-alvo. É calculado com base no fluxo de caixa futuro da empresa e na taxa de custo de oportunidade da empresa. Nem é preciso que cada relatório de recomendação tem um preço justo diferente para cada empresa.

RECEBÍVEIS Nesta categoria estão todos os valores que "nossa empresa" tem a receber por serviços ou produtos vendidos. É muito comum as empresas não receberem imediatamente por suas vendas.

REVERSÃO Mudança de tendência.

RISCO NÃO-SISTEMÁTICO Também conhecido como risco específico ou risco diversificável. Eliminado pela diversificação dos investimentos. Dentro de um setor, siderúrgico, por exemplo, as empresas possuem estratégias de administração diferentes. Se você investe em diversas empresas do mesmo setor, está reduzindo o risco especifico.

RISCO SISTEMÁTICO Também conhecido como risco de mercado. Não diversificável. Por exemplo, em épocas de eleição, todas as empresas e todos os setores ficam expostos ao mesmo risco político.

SERVIÇOS Esta é uma categoria que tem crescido muito nas economias de todo o mundo, inclusive no Brasil. Quanto você gasta em despesas médicas e odontológicas? Muitas de nós gastamos verdadeiras fortunas nos salões de beleza com manicures e cabeleireiros. Sem falar nos advogados e contadores!

STOP LOSS Ordem de venda feita antes de o preço de uma ação se desvalorizar; serve para limitar as perdas.

TAG ALONG Expressão que ficou popular após a promulgação das mudanças na antiga Lei das Sociedades por Ações, a Nova Lei das S/As, que incluiu, entre outros, o artigo 254-A, assegurando a todos os acionistas de papéis ordinários o pagamento de, no mínimo, 80% do valor pago aos controladores, pelo bloco de controle. O *tag along* é, justamente, essa proporção do valor pago ao grupo controlador, que é pago aos minoritários.

TÍTULOS Estão incluídos nesta categoria títulos públicos (LTNs, NTNs) ou privados (CDBs, debêntures etc.) de curto prazo.

UNITS Certificados de depósito de ações ordinárias e preferenciais. Saída que as empresas de Nível 2 encontraram para concentrar a liquidez em apenas um tipo de ação e de estender o direito mais valorizado pelos investidores – o *tag along* de 100% – a todos os acionistas. As empresas que optaram pelo Nível 2 encontraram restrições legais, pois estavam impedidas de vender uma quantidade maior de ações ordinárias porque isso poderia diluir o controle. Exemplos: ALLL11 e UBBR11.

VALOR DE MERCADO Número de ações da empresa multiplicado pela cotação da ação.

Bibliografia

Bajtelsmit, V.L., Bernasek, A. *Why do Women Invest Differently than Man?* Colorado State University: Association for Planning Counseling and Planning Education, 1996.

Barber, B.M., Odean, Terrance. "Boys will be boys: gender, overconfidence and common stock investment". Nova York: *The Quarterly Journal of Economics*, 2001.

Barberis, N., Thales, R. "Survey of Behavioral Finance", *Handbook of the Economics of Finance*. Orgs.: G. M. Constantinides, M. Harris e R. Stulz. University of Chicago: Elsevier Science B.V., 2003.

Beardstown Ladies. *Guia prático de investimentos das Beardstown Ladies*. Rio de Janeiro: Salamandra, 1997.

Bernstein, P.L. e A. Damodaran. *Administração de investimentos*. São Paulo: Bookman Editora, 2000.

Bernstein, Peter L. *Against the Gods – The remarkable story of risk*. Nova York: John Wiley & Sons , Inc., 1998.

Buffet, Warren. *Estratégias de investimento do maior investidor do mundo*. Rio de Janeiro: Makron Books, 1996.

Byrne, Rhonda. *O segredo*. Rio de Janeiro: Ediouro, 2007.

Croson, R., Gneezy, Uri. *Gender Differences in Preferences*. Working Paper: University of Pennsyhvania, 2004.

Graham, Benjamin. *The Intelligent Investor – Revised Edition*. Nova York: Edição revisada Collins Business Essentials, 2005.

Gunther, Max. *Axiomas de Zurich*. Rio de Janeiro: Record, 1998.

Haugen, R.A. *Modern Investment Theory*. Nova York: Prentice Hall, 1997.

Jupiter, Marlene. *Savvy Investing for Women*. Nova York: Prentice Hall Press, 1998.

Levy, Moshe. "Are rich people smarter". *Journal of Economic Theory*. University of Jerusalem, 2003.

Modigliani, Franco. "Life Cycle, Individual Thrift, and the Wealth of Nations". Nova York: *American Economic Review* 76 (junho de 1986): 297:313.

Noronha, Márcio. *Análise técnica: Teorias, ferramentas, estratégias*. São Paulo: Editec, 1995.

Reis, Carlos Roberto Ferreira. *Empresas boas pagadoras de dividendos tem melhor performance? Evidências no mercado de ações brasileiro*. Rio de Janeiro: UFRJ/Coppead, 2006.

Revista *Valor*. "1000 Maiores Empresas", n. 7, ano 7, agosto de 2007.

Ross, S. A., Westerfield, R. A. e J.T. Jaffe. *Administração financeira*. 2ª ed.: São Paulo: Atlas, 2002.

Schubert, R., Gysler, M., Brown, M., Brachinger, H-W. *Gender Specific Attitudes Towards Risk and Ambiguity: An Experimental Investigation*. Zurique: Center for Economic Research, Swiss Federal Institute of Technology, 2000.

Schwab, Charles. *Guide to Financial Independence*. Nova York: Three Rivers Press, 2000.

Sharpe, William. *Investments*. Nova York: Prentice Hall, 1995.

Zagorsky, J. *Do you have to be smart to be rich? The impact of IQ on wealth, income and financial distress*. Ohio State University, 2007.

Conheça também os outros livros da Coleção

• Este livro apresenta uma visão clara e objetiva sobre Finanças, em especial sobre Investimentos.

500 perguntas (e respostas) básicas de finanças
ISBN: 978-85-352-2766-6
Páginas: 208

• Este livro apresenta o passo a passo do processo de educar as crianças para lidar com dinheiro de forma ética e responsável, abrangendo quatro grandes áreas: como ensinar a ganhar; poupar; gastar e doar.

Educação financeira
ISBN: 978-85-352-2421-4
Páginas: 160

• Este livro convida o leitor a participar de uma experiência muito especial: um giro pelo mundo das Finanças e da Economia. Com ele você vai aprender a transformar seu salário em uma quantia que possiblite sua independência financeira.

Como esticar seu dinheiro
ISBN: 978-85-352-2767-3
Páginas: 118

• Neste livro, você entenderá, de uma maneira surpreendentemente simples, como as saúdes do bolso e do corpo possuem semelhanças incríveis. E descobrirá como é possível conseguir o equilíbrio entre elas.

Vigilantes do bolso
ISBN: 978-85-352-2789-5
Páginas: 250

• Neste livro, o leitor poderá acompanhar a história de dois amigos "o Sovina e o Perdulário" que possuem e buscam a ajuda de um professor para melhorar suas finanças pessoais.

O sovina e o perdulário
ISBN: 978-85-352-2765-9
Páginas: 144

• Neste livro, o leitor descobrirá que, em 6 passos de simples execução, é possível organizar sua finança e aprenderá que guardar dinheiro, controlar os gastos e investir pode ser mais simples do que se imagina.

A árvore do dinheiro
ISBN: 978-85-352-2420-7
Páginas: 194

• Este livro ensina como entrar no mercado, montar uma boa carteira de ações e remunerá-la com opções e, acima de tudo, como você pode se proteger gerenciando seu capital adequadamente e controlando o seu risco.

Investindo em opções
ISBN: 978-85-352-2653-9
Páginas: 220

• Este livro, baseado nos ensinamentos da economia e da psicanálise, aborda a questão do dinheiro e da falta dele, originada, principalmente, do consumo excessivo.

As armadilhas do consumo
ISBN: 978-85-352-2422-1
Páginas: 144

Acreditamos que sua resposta nos ajuda a aperfeiçoar continuamente nosso trabalho para atendê-lo(la) melhor e aos outros leitores.
Por favor, preencha o formulário abaixo e envie pelos correios.
Agradecemos sua colaboração.

Seu Nome: _____

Sexo: ☐ Feminino ☐ Masculino CPF: _____

Endereço: _____

E-mail: _____

Curso ou Profissão: _____

Ano/Período em que estuda: _____

Livro adquirido e autor: _____

Como ficou conhecendo este livro?

☐ Mala direta   ☐ E-mail da Elsevier
☐ Recomendação de amigo   ☐ Anúncio (onde?) _____
☐ Recomendação de seu professor?
☐ Site (qual?) _____   ☐ Resenha jornal ou revista
☐ Evento (qual?) _____   ☐ Outro (qual?) _____

Onde costuma comprar livros?

☐ Internet (qual site?) _____
☐ Livrarias ☐ Feiras e eventos ☐ Mala direta

☐ Quero receber informações e ofertas especiais sobre livros da Elsevier e Parceiros

Cartão Resposta
050120048-7/2003-DR/RJ
Elsevier Editora Ltda
······CORREIOS······

SAC | 0800 026 53 40
ELSEVIER | sac@elsevier.com.br

CARTÃO RESPOSTA
Não é necessário selar

O SELO SERÁ PAGO POR
Elsevier Editora Ltda

20299-999 - Rio de Janeiro - RJ

Qual(is) o(s) conteúdo(s) de seu interesse?

Jurídico -
☐ Livros Profissionais ☐ Livros Universitários ☐ OAB ☐ Teoria Geral e Filosofia do Direito

Educação & Referência -
☐ Comportamento ☐ Desenvolvimento Sustentável ☐ Dicionários e Enciclopédias ☐ Divulgação Científica ☐ Educação Familiar
☐ Finanças Pessoais ☐ Idiomas ☐ Interesse Geral ☐ Motivação ☐ Qualidade de Vida ☐ Sociedade e Política

Negócios -
☐ Administração/Gestão Empresarial ☐ Biografias ☐ Carreira e Liderança Empresariais ☐ E-Business
☐ Estratégia ☐ Light Business ☐ Marketing/Vendas ☐ RH/Gestão de Pessoas ☐ Tecnologia

Concursos -
☐ Administração Pública e Orçamento ☐ Ciências ☐ Contabilidade ☐ Dicas e Técnicas de Estudo
☐ Informática ☐ Jurídico Exatas ☐ Língua Estrangeira ☐ Língua Portuguesa ☐ Outros

Universitário -
☐ Administração ☐ Ciências Políticas ☐ Computação ☐ Comunicação ☐ Economia ☐ Engenharia
☐ Estatística ☐ Finanças ☐ Física ☐ História ☐ Psicologia ☐ Relações Internacionais ☐ Turismo

Áreas da Saúde -
☐ Anestesia ☐ Bioética ☐ Cardiologia ☐ Ciências Básicas ☐ Cirurgia ☐ Cirurgia Plástica ☐ Cirurgia Vascular e Endovascular
☐ Dermatologia ☐ Ecocardiologia ☐ Eletrocardiologia ☐ Emergência ☐ Enfermagem ☐ Fisioterapia ☐ Genética Médica
☐ Ginecologia e Obstetrícia ☐ Imunologia Clínica ☐ Medicina Baseada em Evidências ☐ Neurologia ☐ Odontologia ☐ Oftalmologia
☐ Ortopedia ☐ Pediatria ☐ Radiologia ☐ Terapia Intensiva ☐ Urologia ☐ Veterinária

Outras Áreas - _____

Tem algum comentário sobre este livro que deseja compartilhar conosco?

_____

* A informação que você está fornecendo será usada apenas pela Elsevier e não será vendida, alugada ou distribuída por terceiros sem permissão preliminar.
* Para obter mais informações sobre nossos catálogos e livros por favor acesse **www.elsevier.com.br** ou ligue para **0800 026 53 40.**